文青這種生物，自古就有

17段隱藏在史籍和作品背後的奇葩人生

歷史說書人
江仲淵——著

推薦序
苦悶是文青的原料

普通人

不知從何時開始，「文青」這個詞彙開始頻繁地出現在生活中；也不知從何時開始，「文青」這個詞開始產生質變，變得有點像是在調侃揶揄，與其原本的意涵「文藝青年」已經沒什麼太大關聯了。

文青究竟是什麼？每個人對此都會有不同的見解與想像，如果要我來解釋的話，我會說，文青就是一群對現狀不滿、內心充滿苦悶的人。

目前已知，人類最早的藝術作品可以追溯到三萬年前法國的肖維岩洞壁畫。壁畫的內容都是當時人們狩獵各種動物的樣態，因此有種說法，認爲先人們繪製圖畫的原因，可能就是爲了祈求狩獵順利，求得溫飽。若不是過去狩獵不順，又怎麼會想要祈求呢？從這點來看，苦悶確實可以稱爲藝術之母。

當衣食無缺、生活無虞後，人類的大腦又會開始產生新的苦悶。舉凡愛別離、怨憎會、求不得、五陰熾盛……源源不絕的苦悶始終折磨著人類的心靈，也折磨出各式各樣做爲宣洩的藝術樣態。藝術產生技術，技術進化成文明，人類不知不覺地在苦悶中推動著歷史巨輪，一路前進至今。

當個文青不難，但要成爲一位名留青史的「極品文青」，就要承受人之所不能忍的苦悶。在我比較熟悉、而本書剛好沒有提及的漢末三國時代中，這樣的文青並不在少數。那段動盪不安的時代裡，誕生了一股被後世稱爲「建安文學」的風潮（當時爲漢獻帝建安年間），創作的主題不脫對戰爭的反思、蒼生的憐憫、生命的意義，其中所謂的「三曹」「七子」，都是當代文青的佼佼者，又以「才高八斗」的曹植最具代表性。

稱曹植爲「文青之霸」絕對實至名歸，而他的政治生涯卻也是最不濟的。空有滿腔抱負，卻沒有空間可以施展，最終在兄長曹丕的控制下鬱鬱而終。可見得無苦不文青，沒有極大的苦，就無法成爲文青界的佼佼者。

《文青這種生物，自古就有》所介紹從魏晉到民國，上下約一千八百年的十七位歷史風流人物，幾乎個個都超級苦悶：苦於亂世、苦於仕途不順、苦於外界的誤解、苦於自己的身分；甚至苦於自己不夠苦，還要自討苦吃。有些人的苦悶顯而易見，如李後主、宋徽宗；有些人的苦悶則要細細品味方能體會，如明宣宗、乾隆帝。

所以其實根本就沒有什麼文青，或者說人人都是文青。老爸老媽、大哥小妹、男孩女孩，只要心有苦悶，人人都是文青。

若是能認同我對文青的認知，那麼在閱讀這本《文青這種生物，自古就有》時，在享受作者生動活潑的筆觸之餘，或許還能體會有如頂級巧克力般甜中帶苦、亦甜亦苦的人生況味。

現在，你想先吃哪一顆呢？

（本文作者爲《非普通三國》作者）

PART 1 論書畫，誰人跟我比？

PART 2

寫詩作詞，也只是剛好而已

PART 3

只因生在帝王家

PART 4

還有非典型文青

前言

「政治不正確」的歷代文青

《文青這種生物，自古就有》這本趣味性濃厚的歷史書籍，終於在朋友們熱烈的期待和慫恿下寫成了。他們希望我撰寫此類書籍的理由，是因為我素來喜好古典藝術，總愛在臉書等社群媒體以幽默文筆撰寫藝術類文章，但每到打算出書時，卻總是寫一些比較正經的近代史書籍。許多人經常問我，為什麼要分成兩路走，這樣看起來豈不是很滑稽嗎？這個提議倒觸動了我蘊藏許久的念頭，腦袋一熱，便趁餘暇時間整理自己一直以來所累積的知識，寫成了這本書。

一說起「文青」，大家想到的無非是身邊打扮復古、說話很有文學氣息的年輕人。「文青」原本並不是指那些拒絕跟隨潮流、標誌自己與眾不同志向與品味的青年，而是名副其實喜愛文學、文化和文創藝術的人。只不過不知道為什麼，自從臺灣掀起一股文青時尚風之後，「文青」的內涵發生了變化，甚至朝向商業化的進程邁進；而「文青」這個詞，也從

「由內而外」變成「有外但不到內」了。

其實文青不只現代有，早在數百，甚至是數千年前，中國歷史就已經出現過許多類型的文青。有像唐玄宗這樣組歌舞團的音樂文青，有像王羲之這樣開拓書寫藝術的書法文青，甚至也有倪瓚這樣講究一塵不染的潔癖文青……儘管千百年來出現過的這些文青喜好各有不同，但唯一不變的，是他們對藝術的偏愛。

自從開始接觸中國藝術史後，我常常反思：為什麼教科書的內容這麼無聊，完全令人提不起勁？其實這是必然的，要是像我一樣，使用那些政治不正確，偶爾還帶點個人偏狹之見的文筆來寫教科書，豈不是被罵翻了？不過，如果能從「故事」的觀點來看待藝術，實際上也不是一件多壞的事。

從這個角度切入，我們不難發現，藝術比想像中勁爆太多了。譬如國文課本中〈陋室銘〉的作者劉禹錫，很多人以為他是個溫良恭儉讓的老實人，但事實正好相反，他可是個霸氣外露的真男人，日子過得多慘，他脾氣就多硬。或是因為愛鬥蟋蟀而臭名遠播的明宣宗，名聲差歸差，但至少締造了輝煌一時的仁宣之治，一手將明代藝術發展推向最高峰。還有中國第一文青皇帝宋徽宗，在許多影視作品中，宋徽宗的形象總是被描寫得懦弱、愚鈍、妥協，但真實的他比大家想像中厲害多了，尤其是在藝術方面，不僅發明出飄逸遒勁的瘦金體，還打造出文青度破表的汝瓷。

如果說，課本上的知識去除了政治不正確的七情六欲，只講述古人的簡略政績，那麼希望這本書能讓他們「起死回生」，變得有血有肉有感情。

之所以選擇這些人物，並不是爲了湊字數、湊人物的權宜產物，我可是選了好久呀！且凡中國歷代詩人、藝術家何其多，要從中挑出寥寥幾位實在困難，著實讓我頭疼了一番。而是選擇，就得有一定的標準，到底是要以文學創作意境爲準，還是內容思想，或是其他？「文青」這個詞的內涵太廣，有太多東西需要衡量。

最終我露出苦笑，一罷手，乾脆來挑選最具個人特色、使人過目不忘的「文青」吧！從魏晉南北朝至民國軍閥時期，本書共選出十七位最具特色的人物，他們有的氣吞山河，有的溫馴可親；有的忿忿然，有的文謅謅；就連藝術價值觀也各不相同，有的崇尚靜雅樸素，有的喜愛華麗燦爛。

唯一的共通點是，他們都是具有一定地位的人物，也對歷史走向有著舉足輕重的影響。本書將讓讀者知道，在衆多成就背後，這些文青的「廬山眞面目」究竟是什麼，又是什麼契機成就了他們？

說了那麼多，此序也該停筆。廢話不多說，趕緊翻開內文，揭曉中國歷代文青的祕密。

PART 1

論書畫，誰人跟我比？

我的字怎麼那麼美？

書法文青王羲之的書道改革

講到唐詩，大家便會想到李白和杜甫；講到古文，便會想到唐宋八大家。如果講到書法，我們只會想到一個人，那就是獨一無二的王羲之。

所處時代：西晉末年～東晉中期。童年時正好遇上因匈奴入侵，導致西晉滅亡的「永嘉之禍」。

代表作：〈蘭亭集序〉《快雪時晴帖》

經歷：

一、由於字寫得太漂亮，街坊鄰居常偷撕他的春聯拿去賣，讓他十分困擾。

二、曾被同行酸民大罵「野鶩」，憤而召集粉絲展開書法大對決。

三、在喝得大醉的情況下，寫出天下第一行書；但腦袋清晰時，一句話也寫不出來。

絕招：袒露他偉大的肚皮，讓未來的岳父怦然心動。

本篇主角是一位大書法家，也就是大名鼎鼎的王羲之。

王羲之是誰？以前念高中時，我實在恨透他了，因為他的家庭成員錯綜複雜，而且名字都很像；老師還會專門挑出那些容易搞混的名字，要我們一個個寫出他們是誰，搞我每次都不及格。大家看，他們的名字真的很像：

・曾祖父王覽：晉朝一位很厲害的將領，名字最好認。

・次子王凝之：迷信的鄉巴佬，五斗米道的忠實粉絲。

・五子王徽之：曾幹過「乘興而來」的蠢事，不辭辛勞花了半天時間跑到朋友家門前，卻連門都不敲就回家了。

・七子王獻之：幹話很多，是《世說新語》的常客。

再加上王羲之，光是這五個人，就讓我們的青春蒙上了多少陰影和多少恐懼！倒不如春秋時期發明出來的「伯仲叔季」排序，還好辨認得多！

不依舊規，方能化境

魏晉南北朝是中國歷史最混亂的一段時期，每隔幾年就會跑出個新政權；過了幾年，又會出現更強的政權把它滅了。連年混戰，導致社會動盪不安，人口整整消失百分之八十以上。由於出生在情勢並不安穩的晉朝，關於王羲之的史料十分希少，大半生平幾乎都蒙上了一層神祕面紗，使得我們只能透過極少量的資料一窺究竟。

西晉太安二年（西元三〇三年），王羲之出生於琅琊郡臨沂一戶富貴人家，七歲就開始學習書法，而且學習速度很快，幾乎沒有什麼字體難得倒他，是鄉里著名的小神童。父親見兒子很有天賦，就把他送入女書法家衛夫人的學堂，讓她好好培育這塊璞玉。衛夫人也不負重望，以她獨特的方法教育王羲之。

許多人應該都對「兒童書法班」不陌生；正在閱讀本書的讀者，說不定也有很高的比例曾參加過書法班。我小時候也參加過這類課程，第一次拿毛筆寫字時，字寫得東倒西歪、忽大忽小，老師看不過去，拿了摹本讓我跟著描紅。雖然後來對書法有比較深的了解，但臨摹實在太枯燥乏味，而且一直在做同樣的事，不到幾個月，我便興致缺缺。

衛夫人雖然是位書法高手，卻從不正面教導學生如何運筆，她的每一節課幾乎都是戶外教學，帶著王羲之到山野間到處遊玩，讓他看盡家鄉的美好景色。

這種方法看起來雖然毫無進度可言，但衛夫人高超的地方在於：讓王羲之待在戶外，學到的東西比在教室裡還多！

衛夫人認爲，寫橫，要有千里連雲的氣勢，於是把王羲之帶到廣闊的平原上，讓他凝視天空中緩緩擴張的雲層。寫豎，要有萬歲枯藤的頑強，便把他帶到深山裡，讓他攀爬枯老的粗藤，感受那拉扯不開的強韌力量。寫點，要有高山墜石的力道，於是又帶他到山腳下的瀑布前觀看落石，讓他感覺石頭從山峰上墜落的速度。

在衛夫人的幫助下，王羲之差不多八、九歲，毛都還沒長齊的年紀，就已知道如何運筆，十二歲就已正式出師，不但精通古今所有字體，還想開創自己的一派潮流。

我要改革字體！

晉朝的字體就跟現在的教育部一樣，是有個標準的。三國著名書法家鍾繇就是當時明訂的標準字體，字要寫得像他，不然就是沒文化、失禮數。但王羲之卻對此不以爲然。鍾繇的每個字感覺都胖乎乎的，就像用超粗的麥克筆寫字，雖然很好分辨，但總覺得沒有飄逸的美感。

年輕氣盛的王羲之，想對書法展開徹底升級行動。經過摸索和創造後，他將字的重心提高，讓字變得輕盈，並提倡在筆鋒挪動時「轉鋒」，賦予字體流動感，身彎而不失重心，最終創造出具有獨特風韻、質地自然的行書體，徹底將行書1.0升級成2.0！

然而，歷史上任何一場藝術變革，都不是一帆風順的。

在他的老家，有些文人墨客看不慣王羲之搶走了他們的鋒頭，對他很不服氣，其中又以鍾繇的忠實粉絲庾翼最爲激進。他見王羲之的新字體流行，連自家子弟都去學，氣憤地說：

> 小兒輩乃賤家雞，愛野鶩，皆學逸少書。須吾還，當比之。

「那群沒羞沒節操的學徒們，輕賤高貴的家雞，反而去愛外面的野鴨！我必須報仇雪恨，與王羲之當面比賽！」

古人們罵人的方式比較形象化，喜歡用動物來比喻；不過自稱為家雞……嗯，這種癖好可真是頭一次聽見呢……

在這新舊交替的時刻，庾翼做為舊派代表，要與王羲之的新字體展開對決！

不過這場決鬥並不如我們所想像的那樣高潮迭起；事實上，他倆連面對面比試都沒有。美是反對不了的，王羲之的字體受到鄉親父老喜愛，也受到廣大粉絲認可。雖然庾翼想引戰，逼王羲之出來面對，但人還沒出來，就被王羲之的死忠粉絲酸到滾回去了。

王羲之的新字體逐漸得到社會認同，各派子弟紛紛棄舊學新，仿效王羲之的字；他也在眾人擁戴的情況下，繼續進行更深一層的揮灑。

〈蘭亭集序〉的無盡感慨

當然，在古代，如果你有什麼特別的文藝天賦，通常都可靠它謀得一官半職。首先，王羲之出身世家大族，有純正的貴族血統；又十分多才多藝，和那群只知道吃的富二代可說天差地別。更何況，他在藝術方面的知名度實在太高，據說每到春節來臨時，街坊鄰居都會在半夜偷走王羲之所寫的春聯，使他備感困擾。

那麼，王羲之有沒有當官呢？

答案是肯定的。不過，我們雖然能在許多文學作品中看到他「王右軍」的官職，但他還真不是那種勤勤懇懇的上班族。如果我們稍加注意，就會發現他的很多作品雖然圍著工作轉（包括〈蘭亭集序〉，說白點，就是和工作夥伴交際應酬），但在他內心深處，仍舊渴望逍遙自得與對美的追求。只要一有空閒，便會跑到附近的小池邊看鵝游泳，揣摩著怎麼寫出行雲流水的感覺，還常常出神地忘記時間的流逝，忘記身外的一切。

如果要論王羲之的代表性神作，必然首推〈蘭亭集序〉。當時正值春雨之際，不論村莊和市鎮，幾乎整日都籠罩在細雨綿綿中，五十多歲的王羲之在辦公室裡批閱公文多日，不由得感到十分厭煩。他茫然地望著灰濛濛的窗外，每座屋宇彷彿都透露著哀愁。王羲之心想：若是能早日擺脫這種陰暗的天氣就好了。

似乎是上天眷顧，隔天早晨雨忽然停了，雨過天晴，格外舒適。王羲之超級開心，立刻拋下公務，帶著四十二位好友一起去山間遊玩。走累了，就在一處蜿蜒曲折的小河旁休息，溪中清流淙淙，景色恬靜宜人，眾人不禁詩興大發，拿出準備好的紹興黃酒。

「我們來玩曲水流觴吧！」

四十二位名士列坐在蜿蜒的溪水兩旁，將醇馥幽郁的黃酒倒進專用的木製酒碗（觴）裡，放在溪水上游，輕輕鬆手，任它順流而下，因爲溪流彎曲的緣故，酒碗會在某些地方或是停滯，或是打轉，剛好停在誰面前，誰就得賦詩；若吟不出詩，則罰酒三杯。這就是曲水流觴。

王羲之的朋友都很有文學素養，既然羲之想要玩，身爲朋友，怎能不奉陪呢？他們樂此不疲，共玩了五十三次，只有十六次做不出詩。最後，大家把寫成的三十七首詩匯集起來，準備編輯成冊。

「逸少，我們之中就屬於你文采最好，不如由你來撰寫序言吧！」

此時的王羲之在一番暢飲後，早已變得微醺。他雙眼微瞇，表情愉悅，帶著些許醉意，搖搖晃晃地接過紙筆，連片刻思索都沒有，隨即任文采恣意揮灑，執筆的右手在蠶繭紙上流暢舞動，成就了後人譽爲「天下第一行書」的〈蘭亭集序〉。

〈蘭亭集序〉之所以有名，不僅是因爲王羲之的字好看，而是此文的內涵。他能把這些複雜的情感融入字裡行間，即使是千百年後的我們，看到這篇文章時，仍能引發心中最深刻的感觸：

「後世的人看我們的文章，也會和我們看古人文章一樣，萌生感傷之情，這種事情古今並無二致。想到此處，我不禁覺得感嘆，遂分別記下與會人士的名字，抄錄他們所吟的詩作。雖然時代改變、事情有所不同，人們的感觸卻是一致的。後世的人讀了這些詩作，也將和我一樣，產生無盡的感慨。」

《快雪時晴帖》很厲害嗎？

王羲之坐上書壇霸主的位子後，他的字就變得很值錢。據說他在賣扇老媼的扇子上隨手寫五個字，扇子就能由原來的二十錢賣到百錢。而王羲之本人也不吝寫字，整個東晉時期，王羲之的字在市場上流通的數量並不算少。

那麼，爲什麼流傳至今的王羲之眞跡，只剩下兩件？

罪魁禍首就是改朝換代。一直以來，王羲之的書法受到皇親貴冑的喜愛；高官顯爵者，也都以家有王羲之的書法爲傲；而經過時代的推移，王羲之的作品便逐漸集中在少數人手裡。

太平盛世時被蒐集在一起的眞跡，一旦遇到改朝換代之際，也容易被一口氣摧毀；聚斂得越多，被破壞得越慘。唐太宗時，王羲之的書法還留有三千多件；但到了宋太宗時，只剩下一百多件。時至今日，全世界所留的王羲之眞跡僅有兩件，分別是《快雪時晴帖》和《中秋帖》（至於這兩件是否眞是眞跡，還尚存爭議呢！）。

兩者之中，又以《快雪時晴帖》的藝術價值更高。當時的王羲之已辭官，享受隱逸自然的生活，也有更多時間拿來練字，其典雅細膩的精緻度大幅提升，可說是他人生中藝術 level 最高的時期。

先來看一下他在寫什麼：

羲之頓首。快雪時晴。佳想安善。未果。爲結。力不次。王羲之頓首。山陰張侯。

「山陰的張先生您好：剛才下了一場雪，現在天又轉晴了，想必您那裡一切都好！上次的聚會我沒能去，心裡很鬱悶。你家送信的人說，不能在我這裡多停留，要趕快回去，那我就先寫這些吧。王羲之敬上。」

從一般人的角度來看，這篇文章的涵義並不深刻，好像只是日常的書信對話。但我們今日看《快雪時晴帖》，不是爲了看內容，而是王羲之的字。漢字書法向來被譽爲「無言的詩，無行的舞；無圖的畫，無聲的樂」，雖然《快雪時晴帖》出於平凡，但王羲之的筆觸，卻讓字裡行間精緻了起來，一字一句也都透露出不同的情感，可以獨立欣賞：二十八個字，就像是二十八句詩。

比如第一句「羲之頓首」，用的是草書，行雲流水，看起來就像飛翔的龍；第二句「快雪時晴」卻轉向行書，雍容端莊，有如高雅的紳士。接下來的每一句也都是不同字體，而仔細看看每句話裡面的每個字，都有其不同的韻味。

乍看之下，王羲之好像是在炫技，但事實上，他已經將書法融入生活中，字體的轉變並非他有意爲之，而是內心使然。

要看一個人的個性，最準的方式就是看他的筆跡，但王羲之的字跡格外特別，行筆會隨當時心境起落而有所不同。就像一面鏡子，每個人看到他的字跡，都會產生不同的感觸。有人猜想，他的內心就像李白，是位俠客；也有人覺得，他就像多愁善感的白居易。千百年來，人們對此爭論不休，卻沒有一定的解釋，這也正是王羲之書法的有趣之處。我們只能從那不失平衡的美感，想像他提筆時氣定神閒、不疾不徐的神態。

意境的深度，決定藝術的高度

綜觀中國書法發展史，千百年來能在歷朝歷代占一席之地的書法家，沒有一位不是「創新」的典範。黃庭堅曾說：「隨人作計終後人，自成一家始逼眞。」跟在別人後頭、一味模仿，是無法超越前人的；只有不斷創新、探索並形成自己的風格，才能達到藝術上的完美境界。

王羲之的兩件作品〈蘭亭集序〉《快雪時晴帖》，一件是不經意寫下的草稿，另一件則是給友人的隨意行筆，卻在放飛自我後，更加凸顯其書法造詣之高：沒有任何拘束，全憑興致和感覺運筆；點畫勾挑不露鋒芒，卻各有不同意韻。金庸《笑傲江湖》裡的令狐沖在學習華山劍法時，師父指導他：「將每一招融會貫通，然後盡量忘得一乾二淨。練武之人最要緊的，就是活學活用，要做到出手無招，那才眞是踏入高手的最高境界。」

不管是劍法或書法，想成爲一派大師，最重要的一步就是達到「無招勝有招」的境界，將各種筆法練到爐火純青，才能隨心所欲。王羲之的書法作品不拘泥於一種字體，想到什麼就寫什麼，哪句話抱著什麼心情，便將心情投射到筆畫上。內心世界的充實和豐富，決定了其意韻繽紛悠遠。

悠遊自在，漫不經意，卻始終遒美健秀，這就是書法大師王羲之，用一生努力換來的藝術成就。

當書法家直接黑化

奸臣蔡京的前半生

誰的青春不懷抱著遠大的夢想？誰的青春沒有改變世界的熱血慷慨？沒有人生下來就是個混蛋，即便是蔡京，也是如此。

所處時代：北宋中期～末年。徽宗在位時的宰相幾乎都是他。

代表作：《節夫帖》《宮使帖》

經歷：

一、曾被譽爲北宋四大書法家，但後來名聲太臭，結果遭到除名。

二、別人被貶官會寫詩，只有他直接黑化。

三、很會模仿古人筆跡，簡直就是一部活生生的「人肉柳體印表機」。

絕招：拿自己的字畫賄賂官員，對方比拿到現金更高興。

本篇的主角和宋徽宗很有關聯。他是宋徽宗的頭號好朋友，也是時常被忽視的書法家——北宋宰相蔡京。

蔡京在歷史上的評價非常差。講到宋徽宗，人們也許會以同情的眼光看待他；但講到蔡京，那就是死不足惜了。做爲北宋的末代宰相，蔡京被稱爲「六賊」之首。他曾命令手下到民間搜刮奇珍異寶，並放任宋徽宗沉迷於自己的嗜好中，使得朝廷動盪不安，最後還讓金兵入侵成功。歷朝歷代所有令人唾棄的事情，他好像全都幹過了，其名聲之差可見一斑。

然而「君子不以言舉人，不以人廢言」，儘管蔡京政治上的名聲不佳，但在藝術方面，他可也是才子一名。

沒錯，蔡京在當時可不是什麼二、三流的業餘藝術家，而是自稱第二，沒人敢稱第一的頂尖大師。宋徽宗擁有絕佳藝術品味，這大家都知道；能獲得徽宗的認可，那表示此人絕非尋常之輩。蔡京不僅獲得宋徽宗的認同，還因此被拔擢爲宰相，說他是當代最強藝術家，一點都不爲過。

蔡京鋒頭最健的時候，隨便寫個字都能在市場上賣出好價錢。人們一談到蔡京的書法，張口就是「冠絕一時」「無人出其右者」……話裡話外都透露出「蔡京書法天下第一」。

至於一位理應前途光明的書法家，爲什麼會在陰錯陽差下，淪爲一代奸臣呢？

人肉印表機就是我

沒有人生下來就是個混蛋，蔡京當然也是如此。早年的蔡京每日沉浸在筆研、丹青、圖史、射御之中，儼然是個勤奮好學、品味高雅的好青年；十六、七歲時，已經是聞名遐邇的才子，知名度和名譽等級都有A⁺⁺。

雖然不像王羲之等人有能力開創新字體，但他擅於臨摹各家書法；講白一點，蔡京的眼睛就像照相機，雙手就像影印機，只要看過一遍，就能複製出一模一樣的字。

假設把北宋四大書法家（宋四家，也就是蘇軾、黃庭堅、米芾和蔡京）的作品並陳，一眼看過去，並從中選出看起來最順眼的，許多人都會選擇蔡京的字。

沒錯，蔡京的字就是這麼有魔力。儘管沒有蘇軾的天然、黃庭堅的勁健，米芾的縱逸，卻能讓人覺得「順眼」，看了還想再看。但這究竟是為什麼？

祕密其實在於他學得一手好柳體。眾所皆知，柳公權是北宋最受推崇的書法家，柳體之美，在於秀傑深醇之氣。用個形象化的比喻，就像是休假時穿上T恤牛仔褲的大老闆，表面上看起來與普通人無異，但那種與眾不同的氣質，是藏也藏不住的。

在楷書字體中，柳體的難度也可說是最高的。唐朝有句諺語「千古學柳體無大家」，足以說明柳體的困難程度。由於它的結構與寫法都比較特殊，且容錯率極低，稍有偏差，「柳味」就沒了（我也是半途而廢之人，手好痠，嗚嗚嗚）。

至於蔡京，果然不負「人肉印表機」之名，早在少年時期就就充分掌握了柳公權字體的特色，一撇一畫都能完整呈現柳體神韻。

就連狂人米芾也認可

成年後，蔡京的書法風格出現了轉變。當時的書法界突然掀起一股「尚意」的風潮。「尚意」指的是什麼呢？宋朝以前，書法家重視的是「尚法」，也就是透過模仿古代書法家的筆跡，藉此學習法度；簡單來說，如果古人這樣寫，你就得照著這樣寫，一點誤差都不能有；某方面來說，有點像是機器人，不容易創造自己的風格。

「尚意」則相當於中國書法界的文藝復興。人們忽然意識到：盲目追求「像」沒有什麼意義。學得了前人的筆跡那又如何？就算寫得一手好字，但沒有自己的特色，那還不如不學！於是書家們紛紛拋下過去的規矩，以「意」爲綱，創造出新興的書法風格。一時之間，各派書家除了提倡反模仿，也提出屬於自己的書道理論，力求創新，以「不踐古人，自出新意」的革新精神衝破局限。

在這股風潮下，蔡京也恍然大悟：「沒錯啊，我學柳公權，但我終究不是他。那什麼才是眞正的我呢？」

我，就是眞正的我！

蔡京在柳體的基礎上增添了自己的風格。那時候的蔡京還很年輕，懷抱著各種偉大的理想和夢想；而他的筆觸也正如心志所向，呈現出年輕氣盛的樣貌，筆勢豪健，痛快沉著。大家常說「字如其人」，古代也有「用筆在心，心正則筆正」之說；換言之，人們普遍認爲字跡與一個人的品行有關，可以從中窺見書寫者的個性與爲人。爲人如果風度瀟灑，筆跡就顯得飄逸有力；如果胸無大志，筆畫之間看起來難免有種「不成氣候」的感覺。

誰的青春不懷抱著遠大的夢想？誰的青春沒有改變世界的熱血？蔡京也曾是一名懷抱著理想與希望的青年，這一點，的確可以透過他的字跡略知一二。

蔡京書法風格的蛻變，也意味著其藝術水準的昇華。舊式筆法加上新派鋒芒，相當於現在那些復古結合新潮、穿出跨世代混搭風的超級潮男，簡直潮到出水。當時提倡「尚意」

運動的書法家主要有四人，也就是前面提到的「宋四家」：分別是天然的蘇軾、勁健的黃庭堅、縱逸的米芾，以及含蓄風雅的蔡京，他們的書法各具儀態，在在堪稱精品，四人也合稱「蘇黃米蔡」。

由於蔡京善於書畫，個性也很政治正確，久而久之，身邊就匯聚了一群「文功蓋世」的名家，米芾也是蔡京朋友圈的其中一人。相較於蔡京，米芾個性狂傲，且目中無人，但就連這麼一個自大狂，也承認自己不如蔡京。

有一次，蔡京與米芾在一起閒聊。蔡京問米芾：

「你覺得當今世上誰的書法寫的最好？」

「唐朝後期的柳公權。」

「我是說還活著的人啦。」

「喔，那應該是你跟你弟弟。」

「喔喔！眞的嗎？」

「那你知道第二名是誰嗎？」

「是誰呢？」

米芾莞爾一笑：「當然是我。」

米芾是個狂人，一向沒把別人放在眼裡，在書法方面，能讓他屈居第二的，唯有蔡京。

一字千金

蔡京很年輕的時候就已考上科舉當官。剛在京城任職的蔡京，與我們想像中那個大奸大惡的模樣簡直差了十萬八千里。當時的他是滿懷理想的工作狂，急著表現自己，曾號召地方居民興修了一條大水渠，解決當地的飲水和灌溉問題；又連續舉辦了好幾場藝術博覽會，展示官府收藏的珍品書，並組織中原各地的書畫專家親自參與並鑑定。

很快的，蔡京的施政表現傳遍了各地，也傳到了王侯貴族們耳裡。在個人好感度提高的同時，蔡京的書法也跟著水漲船高，變得跟金子一樣昂貴。

新官上任三把火，蔡京用自己卓越的執政能力一顯威風的同時，也以寬宏與感激來對待下屬。蔡京在辦公室處理政務時，固定有兩名年輕衙役拿著大扇子幫他搧風，讓他覺得很奇怪。一問之下，才知道這是政府對文官的優待：由於北宋政府地處偏南，再加上讀書人通常較不耐暑熱，因此每個官員都配有兩名搧風手。

原本這兩個小夥子也只是照章行事，蔡京卻對此莫名感動，覺得他們實在太窩心、太體貼了，便滿懷感謝地把他倆叫過來，在他們的白扇子上各題了一首杜甫的詩，囑咐他們把扇子拿去賣個好價格。

當晚，兩位年輕人就把扇子拿去賣了。賣了多少？一把扇子足足兩萬錢！

隔天早上，蔡京照常上班，發現兩名衙役的靴帽鞋襪穿戴一新，從上到下，全身行頭都換了，笑容藏也藏不住。蔡京於是問：

「你們拿去賣啦？」

「是啊！一把賣了兩萬錢呢！」

「這麼高？是誰這麼抬舉我？」

「是端王親自來買的，他很看好您的作品，說無論如何都要買到您的真跡。」

端王是誰呢？就是未來的宋徽宗趙佶。

宋徽宗表示：是眞愛

宋徽宗在當上皇帝前，對藝術的愛好已經很強烈了，整日與文人墨客賦詩作畫、切磋技藝。他雖不擅長治國，品鑑書畫卻是絕對專業。北宋末年的畫家與書法家很多，他萬中選一看中了蔡京，甚至用一戶普通人家一年的花銷買蔡京這兩把扇子，簡直就是眞愛。

直至寒暑數度易節，宋徽宗做了皇帝、蔡京做了宰相後，宋徽宗有次捧著一只滿是灰塵的木盒子去找蔡京。打開盒子，只見兩把泛黃的扇子躺在盒內，扇面的字跡依舊清晰。宋徽宗感慨地說：「蔡京，當年你題詩的那兩把扇子，朕可沒有弄丟，一直把它藏在床底下，這是朕珍貴的寶物。」

不過，早在宋徽宗當上皇帝之初，蔡京還只是一名九品芝麻官，有待升級。宋徽宗雖然很看好他，也很想提拔提拔他，但蔡京卻不知爲何得罪了守舊派官員，被貶到杭州。宋徽宗才剛繼位，也不好表示什麼意見，只能任由最鍾愛的書法家離開身邊。

蔡京感到非常冤枉：除了冤枉，更多的是對朝廷的憤怒。他根本沒做錯什麼事：推動社會福利機制，設立居養院以收留弱勢群體；又推動貨幣改革，讓中央獲得了非常高的稅收。

說起來全是好事，但朝臣只因爲蔡京主張改革，便不分青紅皀白地排擠他。

中國歷史上的文人墨客，幾乎都有被貶官的經驗，但蔡京與他們不同的是，他的自我期許一開始就比別人高；墜落之際，承受的痛苦也比別人多，這就是蔡京黑化的開始。他想讓人們幸福，想讓大家都知道藝術的美好，爲什麼這種美好的夢想，到了政治面前，卻顯得如此不重要呢？

夢想家墜入了谷底。在人生中最失意的階段，蔡京天天都在苦思暝想，該如何才能重新回到中央。在杭州的這幾年，他失去了以前的熱情，除了基本政務之外，幾乎沒做過其他重大建設。恐怕是無辜貶官的打擊，眞的讓他徹底對現實失望。

等到蔡京重新振作之後，他的思考已經從失意落寞，轉爲憤世嫉俗。告別了從前那位題扇贈字的純眞藝術家，蔡京正式踏上黑化的不歸路。徽宗身旁的宦官童貫每次來杭州出差，蔡京都會百般逢迎，陪他日夜遊樂，還把自己的詩詞繪畫送給童貫。後來蔡京聽別人提到宋徽宗壓力很大，想藉著蒐集字畫古玩抒發情緒，他首先想到的，就是幫宋徽宗買畫，以便爲自己重回中央鋪路。

蔡京很快就發揮個性中陰暗面的力量。首先，他找到一位和京城有往來關係的官員，送上許多金銀珠寶和自己的一些字畫。整個北宋的人民都知道蔡京的書法水準之高，那名官員也不例外，合不攏嘴地收下了這份大禮。

建立關係後，蔡京開始對他提出要求，請對方做自己的耳目，幫忙打聽皇上喜歡什麼題材的畫、哪些內容的字。宋徽宗喜歡山水畫，蔡京就畫山水畫；喜歡有氣勢的字，蔡京就寫有氣勢的字。他還透過牽線搭橋，賄賂徽宗寵信的宦官和道士，讓這些人在皇上面前替他說好話。

也是從這時候開始，宋徽宗日益沉迷於藝術鑑賞。上朝的時間越來越少，娛樂的時間越來越多，甚至不顧官員的反對，執意將蔡京召回京城，同時爲蔡京的宰相之路與北宋的滅亡埋下伏筆。

奸臣的誕生

人無完人，官無完事。很多人會說「社會上壞人很多」，也有人說「社會上的好人其實不少」，彷彿好人和壞人身上都貼著標籤，一眼就能認出來。其實，一個人的行爲往往亦正亦邪，「壞」並非壞得一無是處，「好」也不至於好到完美無瑕。我們無法絕對地定義一個人，就像蔡京，在他賄賂地方官員之際，同時也興修了各種惠民設施，如果光憑他的某些作為，就說他「就是」奸臣，未免過於武斷。

中國史的史觀有項特點：非善即惡，好人必須毫無缺點，壞人必定惡貫滿盈。但事實上，所謂的好人也會吃喝嫖賭，所謂的壞人也能才高八斗。一開始，蔡京確實是以具有抱負的才子之姿出現在歷史舞臺上。他愛護下屬，就連對待最底層的衙役也謙恭有禮；他善於交友，和個性超差的米芾居然能打成一片；他善於建設，在各地建立收容窮民的居養院。致使蔡京墮落的，其實是制度的改變。在盤根錯節著各種利益關係的北宋政壇上，新舊兩黨成了腐敗與墮落的器皿。

好的制度讓壞人變好，壞的制度讓好人變壞。蔡京原本是一名藝術家，不隨波逐流，勇於創新自我；但在經歷前半生的風風雨雨後，他最終仍成為政治制度的犧牲者。勇者打倒魔王後，成了下一任魔王，從此世間少了一名勇於追夢的藝術家，卻多了一名臭名昭著的弄權奸臣。

只傍清水不染塵

潔癖文青倪瓚的偏執傳奇

每次洗頭總要換水十幾次，每天都要更換十來件衣服，就連使用的文房四寶也要請專人隨時擦拭。這種近乎偏執的潔癖個性，造就了倪瓚高潔孤傲的藝術境界。

所處時代：元朝中期～明朝初年，十多歲時正好遇上元朝重開科舉。

代表作：《容膝齋圖》《六君子圖》

經歷：

一、畫風簡潔，能留白的地方全部留白。

二、曾懷疑挑水的人會放屁汙染水質。

三、爲避免自己聞到廁所異味，還請木匠特地打造出一種特製的空中樓閣，供他如廁。

絕招：極易怒體質，會往他看不爽的人臉上猛力甩巴掌。

正如亞里斯多德所說：「但凡優秀的人都免不了是半個瘋子。」不知道各位是否曾經注意，不論古今，從事藝術活動的人，舉止往往不同於常人，甚至到了令人匪夷所思的地步。舉例來說：

．西班牙超現實畫家達利留著一對八字翹鬍，曾有小粉絲想買他的鬍鬚做爲紀念，沒想到他一開口就是一萬美元一根。

．中國近代畫家齊白石有次去菜市場買菜，結果沒帶錢，於是畫了一顆白菜，和老闆換了一車貞的白菜。

．有次畢卡索的妻子與小三打架，他居然一邊開心地觀看，一邊繼續畫畫。

這樣看來，藝術家腦袋的迴路眞的和普通人不太一樣，或許這就是他們之所以是藝術家的原因所在。本篇要介紹的元代著名畫家倪瓚也是一位怪人，而且他不只是表面怪，更是由內而外，怪得表裡如一。倪瓚是個有潔癖的人，雖說潔癖好像沒什麼，但他可是有「中國第一潔癖畫家」的稱號，堪稱藝壇一類傳奇。

噁，這裡髒髒！

倪瓚出生在一個家道中落的世家大族，雖說大不如前，但仍過得十分富貴。倪瓚從小就過得極爲舒適，無憂無慮，家人還爲他請來家鄉最有名的老師當家教，教導他文學知識。受到這樣的家庭影響和教育，理應會養成好學不倦、學優而仕的個性才對，但奇怪的是，他倒習得了不同尋常的生活態度：清高孤傲，不問仕途，也不事生產，科舉連一次都沒試過。街坊鄰居背地裡說他是「懶瓚」，倪瓚聽到後也不生氣，反而開始這樣自稱。家人對他都很頭疼：從小就給他這麼多資源，現在雖有滿腹經綸，怎麼反倒不想當官了呢？

大概是物極必反吧，由於倪瓚常年浸習於詩文詩畫之中，反而無法接受儒家的入世理想；現實社會對他來說，太過骯髒腐敗，情願一頭鑽進書畫，怡然沉醉於在虛緲美好的水墨山景中。

倪瓚有非常嚴重的潔癖，光是他一人，就有五名專用僕役負責維護他的生活品質。每次洗頭都要換水十幾次；準備他的衣服時，也總要多拿個十幾件。至於倪瓚所使用的文房四寶，則有兩位專人負責管理，隨時要擦洗乾淨，就差沒有一根根清洗筆毫了。

某天，一位朋友來找倪瓚，不料聊天聊得太久，要走的時候已經天黑了；朋友不敢回去，於是問倪瓚能不能借住一宿。倪瓚雖然同意，心裡卻怕人家把屋子弄髒，於是站在門外偷聽對方的一舉一動。不料客人無意間咳嗽了幾聲，倪瓚心裡便感到極度討厭：咳嗽，就表示喉嚨裡有髒東西；有髒東西，就會有痰；有痰，就會吐出來，那家裡就髒了！

第二天一早，倪瓚趕緊叫朋友滾蛋，並召集所有僕人尋找吐痰的痕跡，但僕人找了許久都沒找到，最後也懶得找下去，於是拿了一片稍微有些髒的樹葉敷衍了事。倪瓚一看到，便面露厭惡之色，捂住鼻子，臉側向一邊，翻著白眼，趕緊揮了揮手，讓人將樹葉拿到外面丟掉。

倪瓚對別人要求如此苛刻，對自己的食衣住行同樣要求到了極點。各位可能會好奇，這麼愛乾淨的人，要怎麼上廁所？而且古代沒有沖水馬桶這種東西，廁所衛生條件也比較差；大多數人家的「廁所」其實就是挖個大坑，等排泄物填滿後，再想辦法處理掉。

為了避免排泄時聞到臭味，倪瓚特別設計了一項裝置：他請託木匠修建一座如廁專用的「空中樓閣」。高樓底下有一只無蓋的木盒子，裡面裝著許多鵝毛。要上廁所，倪瓚就得先爬到高樓上；當糞便掉進木盒裡時，由於衝擊力影響，鵝毛會馬上飛起、覆蓋住糞便，僕人再以迅雷不及掩耳的速度拿走木盒，將排泄物連同鵝毛一起扔得遠遠的。整個步驟行雲流水，在高樓上的倪瓚連一丁點臭味都聞不到。

除了對整潔有特別的堅持，倪瓚也對別人的長相很要求。有一段時間，他寄住在一位鄒先生家裡，鄒先生有個女婿叫金宣伯，某天來拜訪倪瓚。倪瓚聽聞金宣伯是個讀書人，連鞋子也沒穿好就出來迎接；沒想到一見面，發現對方雖說是讀書人，但學術素養不高，說話和長相也都很平庸。倪瓚一肚子火，竟一巴掌打在金宣伯臉上！金宣伯又愧又怒，氣沖沖地跑走了。這件事讓鄒先生很不爽，責怪倪瓚：「是你擅自對別人期望太高，自然要有失落的準備，為什麼還要打他呢？」倪瓚卻毫無悔意，義正詞嚴地說：

「金宣伯又醜又無聊，我罵走他是理所當然的！」（宣伯面目可憎，言語無味，吾斥去之矣。）

連繪畫也很潔癖

關於倪瓚的故事，三天三夜都說不完；但看了前面的描述，大家可能會產生誤解，以爲倪瓚本人不好相處，時時刻刻都在爆氣。這話其實只對了一半，倪瓚本人的確不好相處，但他並沒有天天生氣。大部分的時候，他喜歡自己一個人靜靜待著，在房裡泡茶，在山間賞雲，在溪邊觀鳥。他喜歡跟自己相處，也只有這時候，他的內心才是平靜的，萬物才是美好的。

當時的人們畫畫，習慣把景色畫得氣勢雄偉，浪濤要像萬馬奔騰，高山則要像威武雄獅，展現氣吞山河的壯闊，但倪瓚不想這麼做。與生俱來的潔癖，讓他在繪畫風格上有不同於他人的特殊見解：他的畫一如獨處時的心境，素淨意遠，沒有一點壓迫感，寂靜到幾乎沒有一絲波瀾，山巒低調地在遠方靜默，呈現一片孤寂的白。

此外，在倪瓚的畫作中，也幾乎找不到一點人跡。他從不畫人物，頂多畫座涼亭。曾有一位朋友建議他畫人，但倪瓚憤怒地回答：

「當今世上哪有什麼人呢?!」（世上安得有人也。）

如果把同時期的山水畫放在一起，倪瓚的作品絕不會是最搶眼的那一幅，卻是辨識度最高的，因爲畫面實在是太乾淨了。疏林坡岸，樓閣亭臺，沒有任何活物，看上去就是一個不存在於人間的世界，充滿「千山鳥飛絕，萬徑人蹤滅」的意境。

倪瓚以洗練的筆法簡化河岸與樸樹，用最乾淨的方法描繪它們。隨著對山水畫的鑽研更深，他益發沉迷在自己如登春臺的幸福世界裡，化身一位掃除者，將世間所有不完美的事情去除，僅在畫中留下最簡單乾淨的山水。

不過，這種態度並非毫無缺點。倪瓚繪畫時，雖然既平靜且愉快，一旦他回首現實世界，便越來越無法接受世間的不完美，到最後，連自家的梧桐樹都讓他看不過去。某天，他發現庭院的梧桐樹皮上沾了一點泥土，突然大發雷霆：「我那高潔不染的梧桐樹，怎麼可以沾上塵世的汙泥呢！」於是要求僕人每天拿著溼布，從樹葉到樹皮，一枝一葉都必須擦洗得光潔如新。最後梧桐樹不堪受虐，竟被活活洗死。

倪瓚在老家杭州的畫家歲月一直持續到五十歲那年。那一年，倪瓚忽然失去了以前的驕氣，並開始思考一個人生問題：放下筆墨後，爲什麼覺得世界離自己越來越遠了呢？繪畫雖然能療癒他的心靈，說到底還是虛無縹渺的幻境，無法變成自己一生的歸屬。

這股迷茫在倪瓚心中徘徊，還摻雜著無限的悲傷與無力感。他曾在一首蒼涼的感懷詩中寫道：

旅泊無成還自笑，吾生如寄欲何歸？

在倪瓚眼中，人生是「客旅」，只是一趟短暫的旅行。那麼，人生到底歸向何處？倪瓚並沒有給出解釋，也許人生的目的就是不斷找尋自我吧。他整整思考了兩年，想知道自己究竟歸屬何方，直到五十二歲的某日清晨，洗漱之際，他腦中忽然閃出一個念頭：他想去旅行，找尋一個屬於自己的天地、自己喜歡的地方。

人生的歸屬

倪瓚首先想搬到潔白乾淨的荒漠，但這太不現實了；他又想搬到靜若無人的山林，但生活問題無法解決。最終他找到了自己的寄託，也就是太湖。太湖水乾淨透澈，能洗淨一切骯髒的汙漬，而且寂靜無浪，波瀾不興。晴天時散發出湛藍色彩，陰天時則籠著如夢似幻的薄霧，偶爾還能聽到漁夫打魚的歌聲，悠悠迴盪在水岸。

倪瓚賣掉了祖傳豪宅，將多餘的財產分送給街坊鄰居，帶著一頂斗笠，駕一葉扁舟，就這麼搬到了太湖。他爲自己買了一間清靜的草堂，枕著太湖的水醒來，伴著太湖畔的鐘聲入眠；醒來時看到什麼樣的景色，就把它畫下來。倪瓚在這段期間找到了眞實的自我，只要能每天望著太湖的漣漪和朝雲暮霞，度過平靜的生活就滿足了。

此時的倪瓚內心不再焦躁，所見的景物都是非常平靜的，而他的畫也反映出自己的內心，呈現出一種眞誠的寧靜。倪瓚以空曠而遼遠的太湖意境征服了畫壇，例如他最著名的《容膝齋圖》，大膽地在湖面留下大片空白，幾乎沒有畫上水紋，山石只用鉤皴點染來表示；樹木也不講求數大之美，只勾畫出幾棵小樹，整體看上去相當簡潔，同時也顯得很清冷。當同時期的畫家在追求壯闊的視覺衝擊時，倪瓚卻一掃俗塵，建立起一個孤寂的世界，一個與人間荒絕、景致蕭瑟的世界。

或許有些人會認爲：「要簡潔少墨還不簡單？用鉛筆畫一條線，說這是竹子，難道不行嗎？」事實上，倪瓚作畫用墨雖少，但越簡潔的筆法，意味著需要越高超的作畫技術，因爲每一筆都會被放大觀看，所以絕不能隨便帶過。倪瓚曾畫過一幅《六君子》，在前景勾畫出六棵挺拔的樹——松、柏、樟、槐、楠、榆。令人驚訝的是，倪瓚雖未改自己用墨希少的風格，卻能把這六種不同姿態的樹、不同形狀的葉表現得淋漓盡致，這正是他筆下工夫的深厚之處。

在傳統文人畫裡，除了技法，更重要的是意境的拿捏。太過寫實，就失去象徵之美；太遠離眞實，又難以寄託想像。必須做到如夢似眞，寓實於虛，既像我們能天天看到的生活日常，又像是百年難得一見的良辰美景，而這也是中國山水畫的絕妙之處。倪瓚的高明，正在於用最少的墨，營造出具備高冷意境的場景。世人說他「胸中淨無塵」，但與其說他的畫素雅清新，不如說他將自身對高潔孤傲的追求展露在畫中。

但世俗並沒有放過他

儘管倪瓚內心清幽，但世道的紛亂卻仍將他捲入政治漩渦中。

元朝末年，農民開始揭竿起義，社會變得動盪不安，一時之間，不知幾人稱王，幾人稱帝。當時太湖附近的軍事首領是起義軍領袖——吳王張士誠，他有個好訴諸風雅的弟弟張士信，素聞倪瓚的畫功非比尋常，於是派人向倪瓚請託，看能不能畫一些作品送他。沒想到倪瓚當面撕了作畫用的絹帛，大怒：「我倪瓚生來不做王門畫師！」這讓張士信很沒面子，此事之後，張士信由愛生恨，腦粉變黑粉，一直想找機會修理倪瓚。

所謂冤家路窄，某天，張士信和一幫文士在泛舟時巧遇倪瓚，張士信便命令手下跳到倪瓚的船上，給了他一頓痛揍，連張士信自己也拿起皮鞭一陣狠打。但不管別人怎麼打，倪瓚始終沒有求饒，甚至一聲不吭。事後有人問倪瓚爲什麼乖乖挨打，他答道：

「我一出聲的話，就跟他們一樣俗氣了。」（一出聲便俗。）

張士信實在拿他沒輒，於是心生一計：倪瓚不是有潔癖嗎？那就把這傢伙關進骯髒的地牢吧，看他還能怎樣。

倪瓚被關進牢房後，確實生不如死，卻依然保持著自己的潔癖，把牢房弄得十分整齊。幾個月後，張士信氣消了，打算放了倪瓚，便手捧著牢飯前來看望他，沒想到倪瓚還是不道歉，只說了一句：「把碗舉到跟眉毛一樣高。」張士信問他爲什麼，倪瓚回答：「怕你的唾沫噴到飯裡。」這話惹得張士信勃然大怒，直接將倪瓚綁在糞桶旁，對於一個性喜清潔的人來說，這不只生不如死，簡直比死還慘。

當時候倪瓚已是垂暮之年的老人家，哪受得了這種罪，出獄後，身體狀況越來越差，沒過多久便抱病而亡。

倪瓚確實是一位不循常規的畫家。儘管出生在富貴世家，卻不是紈絝子弟；他有機會成爲達官顯要，卻堅決不爲；他散盡家財，雲遊四方，只爲了實現他的夢想——找尋心中的那個乾淨的、符合自己審美的世界。

即便世人無法了解倪瓚眞實的心情，也無法接受他的叛逆；或是嘲笑，或是羞辱，甚至將他折磨得痛苦不堪，倪瓚仍堅持自己的原則，從未做過違心之事，也從未放棄心中的夢，更爲自己的生命造了一個不受現實所擾、不爲世事所移的「心之境」，與骯髒的世俗決絕地斬斷，不從俗、不諂媚地過著自己的精神生活。

輕舟短棹向何處？只傍清水不染塵。

——〈題彥眞屋〉

既沒有八個老婆，也沒有點到秋香

悲情文青唐伯虎的戲劇化人生

歷史上的唐伯虎並沒有點秋香，也沒有娶八個老婆，人生過得相當黯淡無光，最後甚至淪落爲買醉窮鬼。「誰敢比我慘？」可能是他一生最想說的話。

所處時代：明朝中期～晚期，王守仁亦爲此時期的人物。

代表作：〈桃花庵歌〉〈言志〉

經歷：

一、曾引爆明朝轟動一時的「唐伯虎裸奔事件」。

二、有一位繪畫能力極差的良師益友祝枝山。

三、事實上與「華太師」素來不合，反倒是曾與寧王合作過一段時間。

絕招：善於猜題，連殿試考題也矇得到。

說起「唐伯虎」的名號，相信大家都很熟悉。周星馳電影《唐伯虎點秋香》中，唐伯虎吟詩作對會好友，智勇雙全鬥華府，娶了八個老婆後，還點了秋香回家，儼然一副人生勝利者的姿態。

但如果你以爲這是眞的，那可就大錯特錯了。

眞實的唐伯虎確實非常有才，但他的一生卻十分坎坷，不僅沒有電影中那麼瀟灑，也活得相當狼狽，簡直可說是慘不忍睹。

唐家大救星

唐寅，字伯虎，出身蘇州著名商賈之家，祖上靠著經商致富，賺了大筆錢財，五代以上全是公務員，甚至還闊到曾被政府直接請來當太守。不過等到唐伯虎父親這一輩時，唐家已家道中落，只成平民布衣。雖然家境還算小康，靠經營一家小酒館維持生計，但每天仍要爲了食衣住行擔憂。

在這個時候，唐伯虎誕生了。

唐伯虎的出生，彷彿是上天賜給唐家的救命稻草。他從小就很會念書，是公認的讀書天才，不須懸梁刺股，就能學富五車；不須十年寒窗，就能縱橫古今，腦袋就跟博物館的資料庫差不多，似乎不費吹灰之力，就能學會任何事情。承擔著復興唐家的使命，唐伯虎力圖再創一代盛世。

學霸唐伯虎以碾壓之勢，十一歲精通琴棋書畫，十六歲以第一名的成績考取秀才，十八歲時考了鄉試第一名，接著又娶了美嬌娘。世人說他是神童、天才，而他也確實配得上這稱呼，更享受著人們的鮮花與掌聲。

那時候，不論事業或愛情，唐伯虎一帆風順，躊躇滿志，還沐浴在親族的誇耀下，美好前程似乎就在眼前。誰料，人生大起大落來得太快，二十四歲起，唐伯虎不知倒了什麼楣，先是父親去世，母親在數月後病故，緊接著妹妹也離開人間。

親人紛紛離世，喪事辦了一場又一場，唐伯虎悲痛不已，但噩運彷彿硬要纏在他身上，不肯離去。一年後，妻子因爲難產，連同腹中的胎兒一起走了。短短兩年內就失去五位親人，只剩下一個弟弟，對於以挽救家族興衰爲己任的唐伯虎來說，這種景況簡直慘得不能再慘，讓他幾乎崩潰。

失去了動力的唐伯虎，整天只知道飲酒買醉。幸好他在這段期間認識了生命中第一位知音——祝枝山。祝枝山不忍見唐伯虎消沉下去，伸出援手鼓勵他，甚至資助錢財，陪他度過人生中最黑暗的時光。

在電影《唐伯虎點秋香》中，祝枝山是個敗家公子，沒事就找唐伯虎要錢消災。但事實正好相反，祝枝山不但有錢、仗義，還很擅長草書。關於電影裡的描繪，唯一符合史實的是他的繪畫能力：電影中的祝枝山，將《神鳥鳳凰圖》畫成了《小雞啄米圖》，形象很是搞笑；眞實的他也沒好到哪裡去，還需要唐伯虎指導。他倆一個擅長繪畫，一個擅長詩文和書法，兩人相輔相成，截長補短，一時傳爲美談，民間還流傳著「唐伯虎的畫，祝枝山的字」之說。

在好友的鼓勵下，唐伯虎重新燃起了對生命的鬥志，也重新鼓起了生活的勇氣，不但娶了第二任老婆，還在二十九歲那年參加應天府鄉試，順利考取第一名，贏得「解元」頭銜，也獲得了來年進京參加會試的資格。這可不得了，經過五年的消沉後，唐家終於找到再度活躍的契機。

這我朋友，超有錢的

此時的唐伯虎春風得意，走路還自帶聚光燈。與人相見時，別人都要對他打躬作揖；和人說話時，旁人也要畢恭畢敬地稱他一聲「唐解元」。唐伯虎彷彿回到了青春的十八歲，充滿熱情與活力，對未來充滿期待與衝勁。第二年，唐伯虎按捺不住喜悅之情，早早就收拾行李，從蘇州啓程進京赴考。在漫長的路途上，唐伯虎認識了一位同爲考生的富家子弟徐經，而他也是唐伯虎的第二位知音。

一位是滿腹經綸的文青，一個是腰纏萬貫的公子哥，兩人一拍即合，從此成了超級好朋友。當別的考生都在緊張複習，只有這哥倆待在娛樂場所吃喝玩樂。當然，他們對考試的看法並不相同。唐伯虎是因爲天資聰穎、過目不忘，於是放手玩樂；而徐經知道自己無論怎麼用功，都沒辦法考出什麼好成績，所以乾脆放著不管。

徐經很崇拜唐伯虎，每次吃飯都負責買單，甚至把自己的幾個僕從借給唐伯虎，讓他過得舒服一點。每當酒足飯飽，兩人盡興而返時，唐伯虎往往趁著酒意大放厥詞，一副胸有成竹、勢在必得的樣子；徐經只能投以仰慕的眼光，而路上行人無不爲之側目。

日子一天天過去，離考試只剩幾天了，兩人還是不慌不忙，照樣去酒館買醉。徐經不經意地提到：「考試快到了，但儒家經典實在太多，也不知道會考什麼，眞令人頭疼。」

醉後的唐伯虎不假思索地對徐經吹噓起來：「簡單！根據當前的政治形勢，今年必以某某爲題，你早早準備吧！」

考試當天看到考卷後，徐經驚訝地發現，題目眞的被唐伯虎猜中了！也因爲提早做了準備，不但徐經考得很好，唐伯虎更是金榜題名，創造連中三元的神話。

大喜過望的徐經藏不住祕密，逢人便說：「唐伯虎料事如神，他說考試題目是什麼，結果還眞的就是什麼！」

不怕神對手，只怕豬隊友

徐經這麼高調張揚，讓落榜考生很是生氣，紛紛聯名上告，要求徹查考場黑幕：「唐伯虎又不是神仙，怎麼可能那麼剛好猜中？」「徐經那麼有錢，一定是他花錢買通了考官！」在這種情勢下，一些政治嗅覺較敏銳的政客開始蠢蠢欲動，打算帶風向，其中就包括華昶（音

「敞」，即電影裡華太師的原型）。與電影不同的是，華昶的職位並不是太師，而是負責提出諫言的言官；他在唐伯虎生命中扮演的角色也並非良善之人，而是不折不扣的反派角色。

在這起案件中，華昶爲了逞威風而胡亂告狀，顛倒黑白，硬是扣了唐伯虎許多帽子。或許正是這個原因，電影中的華太師除了有著無能的人設，還有兩個傻兒子，並讓唐伯虎受到府中眾美歡迎，大概也算是一點小小的復仇。

言歸正傳，調查是否眞有弊案的過程中，雖然花了好幾天都沒找到什麼確鑿的證據，但在華昶的煽風點火下，朝廷本著寧可信其有，不可信其無的原則，仍然「處理」了一大批涉案人員——唐伯虎與徐經二人成績作廢，終身禁考。

自科舉制度誕生以來，考試幾乎可說是平民百姓翻轉命運的唯一途徑；終身禁考，意味著唐伯虎前半生的努力，全化成一片灰燼。唐伯虎再次跌落人生低谷，但福無雙至，禍不單行，唐伯虎的老婆聽到自己進京做官太太的美夢破滅，二話不說便帶著僅有的一點家產，捲起鋪蓋回了娘家，從此杳無音訊。

錦上添花的有，雪中送炭的無。回到家鄉後，唐伯虎整天遭人白眼閒語，成了大家茶餘飯後的笑話，傳家的小酒館也因爲無人打理，很快就倒閉了。

唐伯虎從天堂直墜人間，只能勉強靠賣畫維生。

在今天，唐伯虎的眞跡可說非常高貴，在藝術拍賣市場上動輒上百萬。雖然電影裡曾出現衆人瘋搶唐家垃圾桶裡紙屑的片段，不過在唐伯虎在世時，他的畫並不好賣；畢竟名聲不好，願意收藏者寥寥可數。爲了維持生計，他只好幫別人畫假畫，有時還依客戶需求繪製各種仕女畫，甚至是春宮畫。許多人認爲，唐伯虎擅長畫女性，是因爲個性風流不羈的關係，但只要稍微撥開疑雲，就能發現唐伯虎那笑盈盈的臉孔背後，其實隱藏著有志難伸的無奈。

湖上水田人不要，誰來買我畫中山？

——〈貧士吟〉

寧王的反叛

電影中，寧王曾派人延請唐伯虎爲幕僚，卻遭到了拒絕；不過歷史上的唐伯虎的確跑去當幕僚了。正德九年（西元一五一四年），三十五歲的唐伯虎忽然收到寧王——也就是當今皇帝叔叔的聘書，內容大概是：

「唐先生你好啊，我是超有錢的大爺寧王，我知道你很窮，而且犯過作弊案，但我還是很欣賞你的才華，不知你是否願意成爲我的幕僚？關於待遇嘛，老子我包吃包住，還讓你免試納入國家正規公務員。驚不驚喜？意不意外？趕快加入我的行列吧！」

寧王喚醒了唐伯虎求取功名的理想，也讓他覺得自己終於時來運轉了，於是決定重新振作，不要再當賣畫度日的落魄書生了！

不過等唐伯虎來到寧王府後，才赫然發現，寧王雖然封爲「寧王」，但個性可一點都不安寧：他籠絡了大批人才，眞正的目的其實是打算暗中招兵買馬，準備謀反。

唐伯虎對朝廷雖有所不滿，但從未想過造反；而且一旦捲入這場政治鬥爭，弄不好還會落了個千古罵名。這該如何是好呢？爲了保住自己的尊嚴，唐伯虎拒絕了榮華富貴，拒絕了任官的機會，也拒絕了寧王的幕僚一職。爲了讓寧王同意自己退出，唐伯虎做出了常人難以想像的事：他開始在王府裝瘋賣傻，裸奔、吃屎全都做了。王妃聽說後還不相信，專程跑來看，唐伯虎見機會難得，演技大爆發，脫光了衣服就往王妃的腳邊撒尿。旁人一去阻攔，唐伯虎就光著屁股跑上大街，逢人就大喊：「我是寧王的貴客！」一時滿城風雨，人們竊竊私語，都在議論著八卦。

寧王當然不能留個瘋子當幕僚，於是將唐伯虎送回老家蘇州。不久後，寧王起兵造反，很快便被朝廷剿滅，所有核心人物滿門抄斬，唯獨唐伯虎溜得快，幸運躲過了殺身之禍。

桃花仙人的眞實生活

「唐伯虎裸奔事件」引起大衆譁然，輿論對他非常無情，完全不在乎唐伯虎爲了自己的名譽做出多大的犧牲，反而以戲謔、諷刺的口吻嘲笑他。唐伯虎實在沒臉待在蘇州老家，於是賣了房子，跑到鄉下蓋了一間小屋，取名桃花塢，自號桃花庵主。

從此以後，唐伯虎再也不提當官的事，曾幻想「暮登天子堂」的莘莘學子不見了，那個「臥看翠壁紅樓起」的風流才子也不見了。哀莫大於心死，受盡人生磨難的唐伯虎，此時已經完全麻木了，整日待在姑蘇城外的桃樹下，和祝枝山、文徵明幾位知音一起飲酒作詩、寫字畫畫，「客來便共飲，去不問，醉便頹睡」。

唐伯虎曾有一首〈桃花庵歌〉：

桃花塢裡桃花庵，桃花庵下桃花仙；桃花仙人種桃樹，又摘桃花換酒錢。

這首詩是唐伯虎的代表作，也是意境最高的作品，但這首詩要說的其實並不是風花雪月，更不是爲了把妹。唐伯虎想表達的，是他的生活狀態：昔日的江南四大才子之首，才高八斗的唐伯虎，竟落得畫點小畫、摘花賣錢的下場，其落魄程度可見一番。

悲涼的絕筆

唐伯虎就這樣藉酒澆愁澆到了五十三歲那年。那年冬天來得特別早，蘇州城內呼嘯著強勁的北風，屋瓦上也覆蓋了厚厚的一層積雪。唐伯虎受了風寒，已在家臥床數日，他看著窗外，心想自己可能看不到隔年的桃花了，於是掙扎著爬了起來，拿起紙筆，寫下自己一生的絕筆：

生在陽間有散場，死歸地府也何妨？陽間地府俱相似，只當漂流在異鄉。

「即使死亡將我帶往陰曹地府，又有何妨呢？在我眼中，陽間和地府並沒有任何區別，因爲這兩處都不是自己的歸宿。」

飽經滄桑後，唐伯虎發出了如此感慨。他將坎坷的遭遇、窮困潦倒的生活，和世態的炎涼，全都寄託在這首臨終詩中。

唐伯虎將生死看得十分淡然，因爲他早就看慣了。在他眼裡，生命本就是一趟漂泊的旅行，沒有一處是永遠的安身之地。世人皆稱他風流倜儻，縱酒狂歌，但又有誰知道背後的失意長嘆、歷經滄桑和鬱鬱寡歡呢？

世人笑我太瘋癲，我笑他人看不穿。唐伯虎寫下絕筆後，長嘆一聲，擲筆而亡，享年五十三歲。

三朝皇帝的御用畫師剛好都是我！

外國文青郎世寧的3D風宮廷畫

在某些清宮電視劇中，我們常會看到一位身穿官服的洋人。很多人看過他的作品，卻鮮少知道他的故事：他是郎世寧，一位遠從義大利漂洋過海的宮廷畫師。

所處時代：十七世紀末～十八世紀中葉，在他出生前五年，清朝攻克臺灣。

代表作：《百駿圖》《雍正行樂圖冊》

經歷：

一、中國十大傳世名畫中唯一一位外國得獎者。

二、被傳教士耽誤的畫家（誤），不過皇帝們從來沒准他傳教過。

三、擁有一把極具標誌性的濃密白鬍子。

絕招：有超強學習能力，不只會西方的油畫，更會東方的水墨畫。

假如各位讀過清朝歷史，對「郎世寧」這三個字應該不至於太陌生。他爲中國繪畫帶來的影響十分深遠，稱他是清朝兩百七十六年歷史中，最具知名度的畫師，一點也不誇張。

- 藝術上：他曾繪製《百駿圖》，獲選爲「中國十大傳世名畫」之一。
- 政治上：他掌管皇家園林，官居正三品。
- 繪畫技法上：他將西方的「線性透視法」（linear perspective，即遠小近大的畫法）帶入中國，成功結合東方的寫意與西方的寫實技巧。

事實上，成爲宮廷畫師並不是郎世寧原本的目的。別看「郎世寧」這三個字很中國風，他可是來自遙遠的義大利，本名朱塞佩・伽斯底里奧內（Giuseppe Castiglione）。原本是到中國傳教的，沒想到人生的起伏無常，讓他誤打誤撞成爲宮廷第一畫師，先後獲得康熙、雍正和乾隆三代皇帝的寵信，並靠著繪畫當上了官，還讓乾隆親自爲他舉辦七十歲壽宴！宛如八點檔般的劇情，就這樣眞實發生在十八世紀的中原。

前往中國的單程船票

郎世寧出生的那個時代，正是西方列強爭奪海上霸權的時代。當時分別信奉天主教和基督教的幾個國家敵對意識濃厚，什麼都要爭一波，不僅爭奪輸出貿易，也藉著開拓航線的機會，派遣大量傳教士到海外，以爭奪信仰版圖。

明清之際，中國皇帝對於外來的傳教士態度頗爲保守，「華夷之分」的觀念讓他們不喜歡外國人進入中國；另一方面，當時的西方傳教士也畏懼著強大的中國。傳教士便以朝貢爲名，希望能行傳教之實，這才獲得皇帝的同意，順利進入中國。

郎世寧出生於米蘭，從小學習繪畫和建築。根據文獻指出，他擅長模仿各大名家的作品，並透過模仿逐漸建立起自己的風格。

郎世寧十九歲時加入耶穌會，一開始只爲義大利的教堂繪製壁畫；後來奉命前往葡萄牙，也在那段時期開始對中國產生興趣。二十七歲那年，郎世寧獲派前往中國，成爲海外傳教士的一員。

康熙：這種畫，我不行

對於外國人來說，中國是塊難啃的肉。這裡的人們天生自帶謎之自信，凡是見到陌生的東西就要反對，說這些是什麼奇技淫巧啦，邪門洋教啦，統統不行！遵循孔孟教誨才是王道！因此早期天主教會大多不敢直接明晃晃地宣教，而是利用科學、藝術或朝貢，一步步帶著你慢慢前行，並在不經意間灌輸教義。等到驀然回首，你已被傳教成功，成爲天主教徒囉。尤其是耶穌會士，除了傳教，他們多半也都是學有專精之人，對於做這種「掛羊頭賣狗肉」（稱讚意味）的事，可說是超級無敵擅長。

和其他傳教士一樣，郎世寧原本也想以朝貢之名爲傳教開道，但卻因緣際會地打開了中國宮廷藝術發展的大門。

康熙五十三年（西元一七一四年）五月四號，郎世寧懷抱著傳教的熱情，頭也不回地登上了通往中國的輪船，一路漂呀漂的，經過了好望角、印度、新加坡，終於在一年後抵達澳門，並在澳門待了五個月。當時的廣東巡撫知道來華的洋人中有位畫家，不免覺得希奇：

「矮油，不錯喔，我們讀書人最愛畫家了，不知歪果仁（外國人）的技術如何呢？」

巡撫上奏這件罕事，而康熙向來酷愛西方新鮮玩意，聽說來了一個洋畫家，心裡非常高興，下詔要郎世寧進京。郎世寧才搭了一年多的船，在澳門也只待了五個月，現在又要從澳門乘坐馬車到北京。路遙且長，過了四個月才到達紫禁城。覲見時，殿上坐著的正是六十一歲的康熙皇帝。

郎世寧在澳門學了中文和禮儀，一看到康熙皇帝，便依著中國人的規矩朝見。這讓康熙非常開心，因爲不久前，天主教會才因禮儀的問題害他很生氣，一怒之下就把來自義大利的教宗特使——鐸羅主教給驅逐出境。結果這些固執的洋人還是可以溝通的嘛，就像眼前這個郎世寧，不但學了中文，還懂得禮節。就這樣，第一次見面，康熙便聘郎世寧爲宮廷畫師。

當時郎世寧根本沒想到，這宮廷畫師一當就是一輩子。

自文藝復興以來，透視和寫實成爲西方繪畫最明顯的特徵，除了畫出光和影，最好還帶點動作，讓畫面看起來生動、有臨場感。另一方面，中國一直以來流行的是「證件照畫風」。這是什麼意思呢？意思就是要像是證件照一樣，平板、靜止、正襟危坐。郎世寧爲皇帝畫第一幅畫時，仍保留著西式畫風，沒想到康熙不喜歡，把頭別過去，一句話也不說。郎世寧的戰鬥力瞬間歸零，沒想到西方最慣常的畫法，到了東方卻成為不禮貌的舉動。

康熙創造了一個偉大的時代，想當然，他也多少因自己的功勳彪炳而有些自我中心。康熙不喜歡西洋畫，還命令郎世寧一定得用毛筆在素絹上作畫，這可難倒了郎世寧，他也才知道西洋畫跟中國畫簡直是天差地別。比如油畫，就算畫錯了，還能用其他顏料蓋掉，但中國畫卻要畫在絹帛上，一錯就沒得救；而且毛筆比油畫筆刷細軟很多，力道一個沒控制好，整幅畫就毀了。

為了熟悉中國繪畫，郎世寧不分寒暑，努力練習並融會貫通。當時的宮廷畫室坐落於御花園和庭院之間，立地不佳，冬冷夏熱，郎世寧就在那裡過著朝七晚五的日子。而除了繪畫，他和其他西洋畫師還要學習中文和滿文。剛入宮的生活實在很苦，這種感覺就像要求一位小學生在短時間內背誦七千個英文單字，還強制他今後都得用英文溝通一樣；但也正因為這段時期的苦練，郎世寧終於能夠掌握中國水墨畫。

可惜，康熙皇帝也在此時駕崩。

雍正：快把我的扮裝畫下來！

康熙駕崩後，雍正上位。雍正很討厭外國傳教士，為了抑制教會勢力擴張，不惜禁教鎖國。郎世寧的處境頓時變得岌岌可危，苦練多年的畫功還沒來得及在宮中發揮，卻馬上就要面臨無功而返的困境！還好，郎世寧很會討雍正歡心，在皇帝登基時進獻了一幅精心繪製的《聚瑞圖》，畫中有一束荷花插在瓷瓶裡，諧音「和平」；荷花叢中斜出一枝「嘉禾」，也就是一莖兩穗的稻穗，傳說只有聖明之君出現時才會長出來。兩株稻穗與「和平」一起寓意「歲歲和平」，雍正龍心大悅，郎世寧也才保住了宮中的職位。

眾所皆知，雍正是個工作狂，每天凌晨四點起來工作，固定批改六十份奏摺，有時甚至忙到三更半夜，更別說休假了。他一年只在自己的生日當天休息，其他三百六十四天都在工作。雍正這麼忙，要怎麼抒發壓力呢？答案很簡單：角色扮演（cosplay）。

面對政治，雍正很嚴肅，但私底下的他卻很搞怪。他很喜歡叫郎世寧畫下自己的英姿，但不像康熙那樣死板，而是最喜歡穿著各式服裝cosplay。不論是道士、喇嘛、漁夫、蒙古人、漢人他都扮過，有次還穿上洋人的衣服、戴上鬈毛假髮、手拿鋼叉扮演俠客，要求郎世寧畫下自己大戰（不存在的）老虎的模樣，逞逞威風；這些圖畫後來集結成《雍正行樂圖冊》。說眞的，照當時的規矩來說，大概只有戲子和亡者可以穿漢服，更何況是西洋衣裝！雍正還眞是說一套做一套呢。

在藝術領域，雍正的態度顯然比他爸爸康熙來得開放。他對西洋畫法很有興趣，要求郎世寧在中式繪畫的基礎上，增加一點西式畫法，要有張力、意境和立體感。而在雍正的鼓勵下，郎世寧達到了他自己的藝術巔峰，《百駿圖》就是此時期的作品，還是極品中的極品，獲選爲中國十大傳世名畫之一，而他也成爲唯一入榜的外國畫家。《百駿圖》名副其實，畫了一百匹馬，同在一處平原享受清閒的時光，每匹馬的姿態各不相同，或趴或躺，或是回首，或是戲耍。

特別的是，此畫雖以中式技法繪製，但融合了西方的透視畫法，顯得獨樹一格；尤其是待在水中的馬，不但可看見牠們的倒影、在水中的身軀，還畫出毛髮濕漉的感覺。在當時來說，中國人從未意識到繪畫竟然可以這樣表現，《百駿圖》也因此成爲中西合璧的開端。

正當郎世寧的繪畫工作開始漸入佳境時，雍正駕崩了。

乾隆：我最正的老婆是哪一個？

做爲雍正的接班人，乾隆也很喜歡郎世寧的畫，但乾隆的藝術品味卻與雍正相差甚遠。由於乾隆認爲自己的藝術造詣無人能比，凡是與他不同的學派都叫二流藝術，不但因此形成了自己固有的審美趣味，對畫師的限制也比雍正來得多：乾隆不准繪畫出現立體感，統一使用「證件照畫風」。

但即使乾隆對郎世寧的要求很苛刻，他倆的關係仍算不錯：乾隆經常穿著錦衣華服，一個人就往郎世寧的畫院衝，要求郎世寧畫下他帥氣的臉龐；而完成後，乾隆也無不擊案叫好。郎世寧七十歲生日時，乾隆還特地舉辦了隆重的慶祝儀式，是個很給面子的老闆。

乾隆很愛他的嬪妃們，有天突發奇想，竟然吩咐郎世寧把妃子們畫下來。問題來了：在古代，後宮佳麗是不能隨便讓其他男子看到的；即使是太醫診脈，也要隔張簾子什麼的。在這種狀況下，郎世寧怎麼有機會觀察被繪對象呢？

事實上，郎世寧之所以獲准爲嬪妃們畫肖像，與他傳教士的身分有關；畢竟教廷規定，神職人員不得婚娶，但也有可能是因爲乾隆太熱愛藝術，才打破男子不得入後宮的規定。

郎世寧爲乾隆、皇后以及十一位嬪妃繪製了十三幅肖像畫，製成一幅長六．八公尺的卷軸，即《乾隆帝后妃嬪圖卷》。有趣的是，畫中的嬪妃長相都很類似，但這其實是郎世寧不得不爲的心機，如果讓皇后嬪妃們因畫像而產生「爲什麼她比我美？」的念頭，不是徒生事端嗎？郎世寧應該是用當時的審美標準進行了美化，諸如細長的柳葉眉、上挑的丹鳳眼，但還是透過許多細微的調整，表現出衆嬪妃的特色。

爲後宮作畫畢竟是個敏感議題，據說繪製完成的第二天，乾隆跑來找郎世寧，開門見山地問道：

「卿看她們之中，誰最美？」

郎世寧回答：「天子的妃嬪個個都美。」

乾隆又追問：「昨天那些妃嬪中，卿最欣賞誰？」

乾隆這話很故意，要是郎世寧回答了，無非要引人猜忌；要是郎世寧沒回答，那就更啓人疑竇了。郎世寧在宮裡混了這麼久，當然不是省油的燈，將話題毫無死角地轉到其他地方：

「微臣當時正在數宮殿上的瓷瓦。」

「瓷瓦有多少塊？」

「三十塊。」

乾隆命令太監去數，果然絲毫不差。郎世寧機智地避開了這道難題。雖然很難考證這件事是否屬實，但這也說明了身在宮廷，風險如影隨形，必須步步留心。

郎世寧在中國五十多年，未曾忘記自己傳教士的身分。從康熙開始，清朝始終沒有解除禁教令，絕大部分的西方傳教士都被迫離開中國，唯有在宮廷服務的少數傳教士獲得居留特權，但他們的活動也受到嚴格的限制。乾隆時期，傳教士雖在宮中受到禮遇，卻仍無法在外面傳教。

有一天，乾隆皇帝照常來看郎世寧畫畫，沒想到郎世寧忽然放下工具，噗通一聲跪倒在地，含淚請求皇帝對教徒開恩，並遞上奏本。在場的太監都爲他的舉動膽戰心驚，因爲依他們對皇帝的了解，乾隆遇到這類事情一定會翻臉。然而出乎意料的是，乾隆只溫和地對郎世寧說：「朕並沒有譴責你們的宗教，只是禁止旗人皈依罷了。」此事傳開後，官員們注意到皇帝並沒有拒收奏本，之後也就不再過於嚴厲地禁教了。從某方面來說，郎世寧的挺身而出，避免了「義和團事件」的提早發生。

尊榮背後的遺憾

儘管一開始康熙皇帝給了負評，郎世寧還是靠著自己的努力走出了一條路。他的作品既有歐洲的寫實主義風格，又有中國畫的寫意之韻；在注重光影效果的同時，又保持線條的流暢細膩。郎世寧擔任三代皇帝的專屬畫師，其成就有目共睹，這種畫風後來也被稱爲「新體畫」。

郎世寧來到中國後，便再也沒有離開，死後也葬在北京。據說乾隆皇帝對他的離世甚感哀傷，不但給他媲美高級官員的隆重葬禮，還在儀式上落淚，甚至親自爲他撰寫墓誌銘，以表示對他永遠的懷念。雖然郎世寧回不了家鄉，卻獲得了身後尊榮。

儘管如此，郎世寧應該仍是抱憾而終的吧，因爲他無法見證自己熱愛的信仰在中國獲得合法地位；但他想必也對自己的貢獻感到自豪，因爲他不但爲中國的藝術文化史翻開了新的一頁，「新體畫」也對中國近代繪畫帶來深刻的影響。「郎世寧」三個字已然成爲東方藝術史上不可或缺的一部分，他的重要性不僅遠勝其他傳教士畫家，就連衆多供職宮廷的中國畫家，也無法望其項背。

遺憾也好，尊榮也罷，當年在義大利教堂畫著壁畫的郎世寧，應該怎麼也沒想到，懷著傳教夢的自己，竟然會在異國宮廷生活超過五十年，還在中國藝術史記上大大的一筆！

PART 2

寫詩作詞，也只是剛好而已

我懶我驕傲

耍廢文青杜甫的人生旅程

綜觀杜甫的一生，我們會驚奇地發現，他可能是史上最懶的詩人。

所處時代：中唐，正好出生於玄宗即位那年。

代表作：〈春望〉〈自京赴奉先詠懷五百字〉

經歷：

一、四十四歲才找到工作，儼然一副人生魯蛇樣。

二、曾亂嗆朋友，還差點因此被翻臉的朋友嚴武殺掉。

三、善於躲避仇人，安祿山殺不了他，嚴武也沒砍到他。

絕招：逃跑。

大家都知道，杜甫是唐代文壇最窮詩人，窮困的程度堪稱前無古人，後無來者；和他同一時期的李白在宮中飲酒作樂時，杜甫卻只能以粗茶淡飯度日。

不過，杜甫其實沒有那麼値得同情。

李白後來也窮，不過好歹他曾靠著自己的實力贏得掌聲；但杜甫卻是始終沒有奮發向上的動力，做事虎頭蛇尾，任由家產一步步敗光。綜觀杜甫的一生，我們會驚奇地發現，他可能是史上最懶的文學家。

耍廢鳥日子

杜甫的出身其實還不錯，爺爺杜審言是文學界的傳奇人物，被譽爲五言律詩的奠基人；父親則在朝爲官，雖然沒有七個妻，但生活完全無虞。

出身這種富貴人家，想要什麼就有什麼，又沒有經濟壓力，杜甫當然不願意認眞用功學習。當李白刻苦練劍、王維討好京城名流時，杜甫卻在耍廢。就他自己所說：

憶年十五心尚孩，健如黃犢走復來。庭前八月梨棗熟，一日上樹能千回。

「我十五歲那年，雖然身體長大了，內心卻像個小孩子，整天和小夥伴們跑來跑去。夏天到了，就爬樹偷果子，摘完就爬下去；吃完再爬上去，一天能爬一千回。」

嗯，看來杜甫不只很廢，食量也很大。

杜甫的快樂爬樹日常一直持續到二十四歲爲止。那年的他好像有點覺醒了，主動參加了科舉。別人爲了準備考試，可是掏心掏肺在讀書；一個整天玩樂的人，只是走馬看花地讀了幾本書，怎麼可能考得過其他人呢？杜甫理所當然的落榜了。

想像一下，如果自己是高中應屆畢業生，學測卻連一所大學都沒上，心裡應該會很緊張吧？接下來應該會臥薪嘗膽，好歹也要在指考拚一下嘛！但我們的杜甫顯然不同於常人，他揮揮衣袖，不帶走一片雲彩，跑到山水之間遊玩；早上看日出、晚上看月亮，直到三十多歲還找不到工作。

他字裡行間的人生抱負呢？憂國憂民的思想呢？

我不知道你知不知道，反正我是不知道。

李白好朋友

三十二歲那年，杜甫遇上了剛被唐玄宗趕走的李白。兩個文學界最有名的中年男子終於聚在一塊了，一個是放飛自我的自由派，一個是仕途不順的官員，你覺得兩人聚在一起會幹出什麼事呢？

A、一見鍾情，從此如影隨形。
B、怒告對方抄襲著作，拔刀互砍。
C、李白突然心臟病發，杜甫急忙進行口對口人工呼吸。
D、我不知道，我也不想知道。

咳，題目好像出得太簡單了，答案是A，從此，杜甫和李白成爲了好朋友。之前遊山玩水時雖然盡興，但杜甫心裡總覺得缺少了什麼；這時他才發現，原來有個一起玩的朋友有多重要！杜甫拉著李白的小手，「醉眠秋共被，攜手日同行」，帶著他看雪看星星看月亮，從詩詞歌賦談到人生哲學，兩人比情侶更親，是對「親密無間」的好朋友。

不過，三十六歲那年，李白因爲有事，所以跟杜甫道別了，兩人長達四年的度假之旅就此結束。

杜甫就像失戀一樣，也沒心情玩樂了，失落地回到老家。人到了一定的年紀，就會想讓心安定下來，杜甫也是如此。他重新開始準備科舉，不過底子沒打好，怎麼都考不上，再加上杜甫個性比較孤傲，不懂得攀權附勢，所以也無法走捷徑。

在這段期間，杜甫閒來無事，寫下非常多社會寫實的詩作，我們所熟知的那些金句，幾乎都是在這個時期誕生：

- 朱門酒肉臭，路有凍死骨。——描寫唐朝社會的陰暗面。
- 多士盈朝廷，仁者宜戰慄。——描寫臣子們趨炎附勢的景象。
- 炙手可熱勢絕倫，慎莫近前丞相嗔！——描寫世家大族氣焰囂張，權傾一時。

詩是一面鏡子，不同的作者在不同的心情、不同的境遇下看到同樣的事情，會產生不同的看法。盛唐詩人們急於描寫盛世輝煌，繁華之聲不絕於耳；但人生不順的杜甫，卻將眼光放在不一樣的地方，他同情貧困人家，譏罵阿諛奉承的臣子。
某方面來說，或許也正是因為杜甫的懶，才造就了他與眾不同的文學視角。

當官啦！

天寶十四年（西元七五五年），也就是杜甫四十四歲時，他終於受到朝廷眷顧，被授予名為「河西尉」的九品芝麻官。杜甫得到消息的第一時間，不是感動得痛哭流涕，而是青筋暴露，簡直氣炸了：「我是誰呀！我是前無古人、後無來者，唐代最強社會寫實派詩人杜甫啊！」如同他自己所說的，「不做河西尉，淒涼為折腰」！自己還有更高的理想，才不去做那河西縣尉，過那獻媚的小人生活！

不過好笑的是，杜甫很快就打臉自己說過的話。因為他發現，爸爸的遺產快花光了。

在此之前，杜甫從沒想過有一天要煩惱錢的事情，還以為祖上留下來的夠他用一輩子，誰知人生還沒過一半，就已經快見底啦！

杜甫正想回頭，但河西尉早就被別人拿走了，他只好轉而接受更小的官：右衛率府兵曹參軍。名字聽起來很威，又是「曹」又是「軍」的，但總而言之，就是個管倉庫的。故事說了那麼久，杜甫終於找到他第一份正經工作了。

不幸的是，杜甫的運氣眞的太糟了，還沒上任，就爆發了安史之亂，他也因此被安祿山的軍隊俘虜。

說到這裡，大家可能會想：杜甫看起來挺吊兒郎當的，應該會當背骨仔、投靠叛軍吧。但杜甫還眞不是這種人。小事多糊塗，大事不含糊，他雖然懶，基本的愛國心還是有。被俘之後，杜甫人生最耀眼的一刻出現了，他冒險趁亂逃離長安，穿越交戰激烈的前線，投奔光明！

當時被俘的官員中，有很多都成了安祿山的人馬，杜甫算是個特例。唐肅宗親自接見他，想看看這愛國英雄到底長什麼樣，沒想到杜甫管不住自己的嘴，在覲見時說了很多不中聽的話，於是沒過多久就被貶了。

杜甫聽到自己被貶，又生氣了。「好啊！就這樣嘛！我冒險回來投靠朝廷，換來的竟是這種下場！」杜甫一不做二不休，怒辭官位，跑到鄉下退休。

欺負爛好人

從入仕到退休，杜甫前後只工作了差不多三年，退休金累積得不太夠，當然不足以安享晚年。好在一位人超好的朋友嚴武爲杜甫蓋了一間「成都草堂」，有時還會送飯給他，讓他不至於過得太窮酸。

不過，嚴武沒料到自己的好意居然被杜甫曲解！杜甫認爲嚴武爲人軟弱好欺負，可以占便宜。我們不在現場，當然很難想像杜甫爲什麼會有這種天馬行空的想法，但反正他就是這麼想了。

兩人往來的後期，杜甫幾乎沒給嚴武好臉色過。有一天，杜甫在嚴武家喝多了，居然指著嚴武的鼻子大罵：「想不到嚴挺之竟然生了你這兒子！」試想你是嚴武，看著客人在你家作威作福，用你買的酒把自己灌醉，又藉著酒氣罵你跟你老爸，你會怎麼辦？

沒錯！拿刀砍死他啊！

嚴武最後一條理智線斷掉了，平時待人寬厚的他，這時終於被杜甫氣炸了。他命令所有手下全副武裝，埋伏在杜甫常經過的地方，要痛下殺手；但就在準備行動時，竟被嚴武的媽媽發現了。嚴媽媽對杜甫的文章很有好感，嚴武又是個大孝子，不想讓媽媽不開心，只能嘆口氣，默默撤回人馬，好聲好氣地請杜甫拍拍屁股滾蛋。

可悲的後半生

杜甫離開了大好人嚴武，繼續困苦潦倒的生活，一直到人生的終點。他在這段期間內有這樣的回憶：

入門依舊四壁空，老妻睹我顏色同。痴兒不知父子禮，叫怒索飯啼門東。

我們可以從這首詩中知道，最後這段困苦的時期，杜甫過得很不得人心，連兒子也討厭他，飢腸轆轆地吼叫著要飯吃。但在杜甫筆下，這個舉動卻成了「痴兒不知父子禮」，意思是兒子幼稚無知，不懂禮儀。不禁讓人好奇，難道杜甫沒想過，為什麼兒子會不顧父子身分和情誼，對著他大吵大鬧？而他為什麼要堅持己見，不回官場，任憑老婆和孩子挨餓？

人們讀了杜甫的詩，便喜歡上他。但我們不知道的是，詩是詩，人是人，每個人的理想都可以媲美偉人，但能做到的又有幾個呢？評價一個人，不要只聽他說的話，而要看他的行動。所謂「文史不分家」，文學和歷史是分不開的，當我們讚嘆詩人顯露在字裡行間的偉大情操時，也得回頭看看歷史，了解他究竟有沒有言行合一？杜甫用他一生的經歷，教會了我們這個道理。

不服來戰！

樂觀文青劉禹錫的爆表戰力

劉禹錫可稱得上中華五千年最正能量的詩人，一生從未寫過貶謫文章，彷彿在說：「貶官文學？我看不起！倘若能改變自己的想法，就算世態不變，也有辦法讓世間變得更美好！」

所處時代：中唐，杜甫歿後他才出生；臨終那年，唐武宗的「會昌滅佛」正好揭開序幕。

代表作：〈陋室銘〉〈竹枝詞〉

經歷：

一、身為改革明星團「二王八司馬」的核心成員。

二、抗壓力超強，從未寫過「我被貶好可憐」之類的文字。

三、返京第一件事，寫文章嗆爆政敵。

絕招：寫出長篇酸文，讓對手惱羞成怒。

談到古代文人的曠達、灑脫、樂觀時，我們往往特別推崇那些個性有如小橋流水、喜歡借景抒情，並以浪漫詞句來鼓勵自己的詩人。好比柳宗元和蘇軾，他們一生屢遭貶謫，四處漂泊，卻襟懷坦蕩、從容達觀，微笑面對一切苦難和困厄。我小時候被逼著讀詩詞時，根本沒辦法體會他們的心境，覺得他們的詩總是千篇一律：還不就是被貶官心情不好，把怨念轉化牢騷，回家寫了些抱怨文嘛！現在回想起當時的想法，不免感到臉紅羞愧。

在眞正對文學作品產生興趣後，我回頭翻看以前的國文課本，看到以〈陋室銘〉做爲介紹劉禹錫的主題文章，忍不住翻了翻白眼。並不是這篇文章有哪裡不好，它的確很激勵人心，也稱得上是名列前茅的佳作，但是這篇文章卻無法看出劉禹錫的過人之處。選擇這篇文章，只是想傳遞一種意念，要學生借鑑他的安貧樂道，而非講述其志向與品格，自然很難說服大家劉禹錫到底有多厲害，更無法讓學生產生興趣，反倒誤解了古文，以爲它們不過就是一些失意政客的牢騷。

眞實的劉禹錫完全不是〈陋室銘〉裡那看似溫良恭儉讓的老實人，相反的，他可說是中國有史以來最嗆的詩人，一生充滿不屈不撓的戰鬥精神，不但硬是要在險惡的官場中逆流而上，更要告訴那些政敵：「就算你把我貶了，我還是能過得很好！」

二王八司馬事件

劉禹錫的政治生命始於三十三歲那年。當時無能的老皇帝德宗終於駕崩，年輕熱血的新君唐順宗坐上皇位。當了幾十年的太子，順宗親眼看著愚鈍的爸爸帶領國家走向衰落，早就摩拳擦掌，等著幹出一番大事。繼位後，順宗拉攏了一幫優秀的年輕政治家，開啓史稱「永貞革新」的大變革。

永貞革新的內容很簡單，就是改變腐敗之風。當時唐朝的政治風氣很糟糕，朝廷官官相護，藩鎮賄賂成習，三不五時還來個黨派鬥爭，搞得國家烏煙瘴氣，很難推行政務。革新派利用各種手段，試圖導正不好的風氣，而在他們的努力下，朝廷氛圍頓時煥然一新，有種重新振作的感覺。劉禹錫見革新派表現不錯，也投入了他們的陣營。由於他業務能力非常強，又有卓越的才幹，表現也很出衆，因此被委任了一堆工作（比如屯田員外郎、判度支鹽鐵案等）。

這段時間，劉禹錫對政治的熱情極爲高昂，在政壇上雷厲風行，推出許多改革政見；特別是財政收入方面，簡直就是開源節流小達人一枚。大家可能聽過，當時的革新派中心人物是「二王八司馬」，這可不是「兩隻烏龜司馬」，而是「兩位大姓官員，以及八位後來被貶為司馬的政治人物」。這十人是整個革新運動的重心，改革方案幾乎都是他們提出的；其中，王叔文、王伾、柳宗元、劉禹錫四人又是核心中的核心，另稱為「二王劉柳」。

革新派在政治上混得風生水起，當權期間採取了不少具有進步意義的措施，但由於觸犯了藩鎮、宦官和保守派官僚的利益，得罪了不少權貴，也引來不少罵聲。只是改革派並沒有把這些人放在眼裡，他們滿懷著理想與使命，肩負著復興唐朝的美好願景：「除非皇帝換了，不然我們的改革將繼續運作！」

……他們沒料到的是，皇帝眞的換人了。

唐順宗在即位前就已中風，到後來不但無法處理政務，連話都說不出來。保守派人士一直吵著要立儲君，又無法忍受改革派的侵門踏戶，於是聯合勢力龐大的官僚和藩鎮，逼迫皇帝退位。唐順宗眼睜睜看著保守派分子奪走他的冠冕，又興沖沖地擁立長子為帝（唐憲宗），沒等病好，便氣得抑鬱而終了。

永貞革新宣告失敗後，十位革新集團的成員均慘遭政治打壓，死的死，逃的逃，貶官的貶官，史稱「二王八司馬事件」。從此，劉禹錫開始了長達十年的外放漂泊生涯，被貶為朗州司馬。

司馬的功用是什麼？說實在的，我還眞回答不出來。名義上來說，司馬這個職位是刺史的佐官，負責提供建議，或幫忙做些督察建設之類的事情；但實際上，刺史底下已經有專職的幕僚替他做這些事，根本不用司馬幫忙。總而言之，司馬只是一個冗官，多用來處置貶官，讓他名分上雖然還是個官，實際上已經「被退休」了。

豁達大度的老劉

劉禹錫在這個偏僻落後的地區一待就是十年。這是他一生最大的憾事，對於終身以改革變法救國爲己任的人而言，其痛苦是他人難以體會的。駕著馬車離開曾經呼風喚雨的京師，看著自己厭惡的腐敗官僚在宮中飲酒作樂，人生也從巔峰跌到谷底，對他會是怎樣的毀滅打擊？可惜的是，對此，劉禹錫並沒有留下任何文字，讓人讀出他內心的痛楚。

在貶謫最初的日子裡，劉禹錫顯得非常暴躁。但很快的，他便歸於平靜，並忽然意識到：「那些保守派官員之所以要貶我官，不就是要讓我生氣嗎？那麼我偏不要生氣！看你怎麼能拿我怎麼辦？」

劉禹錫心意一轉，從此，他的詩歌創作展現出一項新的特點，就是死都不能讓政敵知道自己過得不好！一定要假裝自己雖然被貶，但毫不在意，還是過得很爽很快樂！他到任後幾個月，當滿朝文武都以為劉禹錫即將消沉頹廢時，一首足以劃破天際的詩傳到了京城：

自古逢秋悲寂寥，我言秋日勝春朝；晴空一鶴排雲上，便引詩情到碧霄。

秋天是個憂鬱的季節，寫秋愁、吟秋悲已成一種文學傳統，但劉禹錫打破了這個慣例，反其道而行之：秋日天高氣爽，晴空萬里，那裡苦悶了？哪裡不好了？我倒覺得秋天勝過春天呢！

劉禹錫是個不按常理出牌的人，當同時期被貶官的司馬們活在焦慮與恐懼中、對朝廷決策久久無法釋懷時，劉禹錫已開始在自己的轄區裡自在散步了。那群遠在長安、得勢的保守派們，還以為嬌生慣養的劉禹錫會不習慣異地的氣候，沒想到他卻一副安然自得的樣子，絲毫沒有把這些阻礙放在眼裡。

劉禹錫最讓人佩服的地方在於，不管遭遇什麼事，他都能樂呵呵地面對，而且不改初衷。他認為貶官的日子還長得很，在這漫長的歲月裡，要學會放下，才能騰出手來，因此將創作主題轉移至鄉間的日常。工作結束後，劉禹錫會悠閒地走到擁有山川美景之地，景色好了，氣氛對了，他就隨地坐下，獨自一人欣賞著美好的景物，彷彿將天下最珍貴的寶物據為己有。

在這為期十年的漫長等待中，劉禹錫過得一點也不空虛。他靠寫詩打發時間，也和外地的朋友以書信往來，並參與當地人民的祭祀活動，一起圍著營火敲鑼打鼓，唱著俚俗之歌。劉禹錫表現得十分豁達，在他看來，塵世間的榮辱愁苦都是人生的尋常事，不必過於扼腕，又何必嘆息？貶官只是一種形式罷了，只要不忘記自己的初衷、自己的志向，再大的困難，也終有熬過去的那天。

我是說，在座的各位都是垃圾

朗州司馬做滿十年後，唐憲宗與他快樂的保守派夥伴們終於消氣了。為了展現出他們開明的一面，朝廷大赦革新派成員，劉禹錫也終於盼到朝廷下詔回京。面對突如其來的喜訊，劉禹錫等人感激涕零，跪謝皇恩浩蕩。

重返繁華大都市，劉禹錫心情格外愉悅，他跑到街上隨意亂逛，還找到當年一起落難的八司馬到玄都觀春遊賞花，並在朋友的慫恿下寫了一首〈元和十年自朗州至京，戲贈看花諸君子〉：

紫陌紅塵拂面來，無人不道看花回。玄都觀裡桃千樹，盡是劉郎去後栽。

從詩題的用字到此詩末兩句，劉禹錫戰力突破天際，譏諷意味一流，彷彿是在向大家宣示「我不是針對你，我是說在座的各位都是垃圾」；尤其最後兩句「你這道觀裡的桃樹，都是我走了之後才種的」，言下之意就是「朝廷這些小人能當官，還不是因為我走了」，別說明眼人，就算是三歲小孩，也懂得背後的含義。

劉禹錫原本只是想和知心好友開個玩笑，沒想到這首詩卻意外流了出去，朝中權貴勃然大怒，立即上報朝廷，要求劉禹錫再度捲鋪蓋滾蛋。憲宗本來就對永貞革新這幫人耿耿於懷，召他們回京，也不過是爲了顯示自己的開明，故作姿態而已，這次讓他逮到機會，豈能放過？於是，劉禹錫只在京城待了一個月，便又灰溜溜地踏上貶官之路，到遙遠的南方荒土當刺史（憲宗一怒之下，連柳宗元也一起趕出來了。不怕神對手，只怕豬隊友，老柳當時心裡肯定一萬匹草泥馬奔馳而過）。

貶官又怎樣，該開心還是得開心！

在絕望中看到一絲希望，又眼睜睜地看著希望無情地流走，換做其他人，內心想必無比崩潰。人生歷經磨難後，不同的人有不同的表現，或愁苦不堪，或一蹶不振，或自我了斷，但劉禹錫卻始終沒有流露出一絲後悔，因爲他不僅要做那個笑到最後的人，更要做始終在笑的人。

對當時的讀書人來說，發配南方是一種殘忍無比的折磨。南方的飲食習慣、生活作息都不同於北方，更重要的是文化背景；當時的南方可說找不到幾個像樣的讀書人，要在那裡覓一位知己，簡直比登天還難。

不過，劉禹錫和那些普通的詩人不同，不會感嘆自己仕途不順。既來之，則安之，既然沒辦法回到天堂，就把這地方打造成天堂的模樣吧！在劉禹錫第二次「貶官馬拉松」期間，曾達成幾項成就：

一、連州文化落後，且交通不便，幾乎跟未開發地區差不多。劉禹錫到任後，開始提倡儒學，不過短短數年，竟成功培養出一群優秀人才，還出了進士！後來連州更被稱爲「科第甲通省」。

二、劉禹錫後來從連州調到夔州。夔州人迷信鬼神，整天都在唱祭歌、辦祭祀，劉禹錫並沒有強力禁止，而是表現出善意，爲他們的祭歌填上新詞，刪除粗俗的部分，改用優美的詞彙，無形中提升他們的文化水準。

三、劉禹錫後來又被調往和州。和州的官員很瞧不起劉禹錫，不讓他住大房子，劉禹錫一個暴怒，戰力瞬間飆升，寫出著名的〈陋室銘〉，告訴地方官：你們這群小人，只會使些小手段！住破屋又怎樣？再怎樣都比你們這些住豪宅的奸臣虐寇好！雖是陋室，但因爲我的道德高尚，就算是破房子，也能芬芳遠傳！

劉禹錫接著又被打發到蘇州、汝州、同州等地當刺史。好不容易等到朝廷再次召回，距離他上次離開京城，已過去整整二十三年。回程路上，劉禹錫與白居易意外相逢，兩人吃了一頓晚餐，酒酣耳熱之際，白居易爲劉禹錫打抱不平，發著牢騷：

「我知道你受才氣所累，不過已被折磨長達二十三年啊，也太久了吧！」（亦知合被才名折，二十三年折太多。）

劉禹錫並沒有跟著感嘆自己的懷才不遇，只是將杯中酒一飲而盡，露出一貫的微笑，一掃愁悶，盡顯豪邁：

「我的悲歡已算不得什麼。沉舟旁，有上千條船爭相駛過；枯敗的病樹前，萬棵綠樹生機勃發。時代巨流滾滾向前，誰都阻擋不了！」（沉舟側畔千帆過，病樹前頭萬木春。）

我又回來了！

幾經輾轉折騰，皇帝也換了好幾任，將近耳順之年的劉禹錫終於回到京師，他循著回憶，找到了之前暢遊的玄都觀——那個改變自己命運的是非之地。庭院還是當時的庭院，不過裡面覆蓋著久未清理的青苔；花園還是當時的花園，不過原本盛開的桃花已經蕩然無存。熟悉的景物依舊，但花園已變得人少車稀。劉禹錫詩意頓然湧現，當場即興寫下〈再遊玄都觀〉：

百畝庭中半是苔，桃花淨盡菜花開。種桃道士歸何處，前度劉郎今又來！

「庭院廢了，桃花沒了，種桃的道士不知蹤影。誰還在呢？前次因爲寫詩而被砲轟出去的那位罪人——我，老劉，劉禹錫又回來了！」

如果說，他的前一首詩還重在無奈發洩，那麼後一首詩則站在了勝利者的彼岸。你們不是拿我的桃花詩做文章嗎？我再來一首，看你們能怎麼樣？

樂觀的人生態度造就了劉禹錫的一生，也造就了諸多正能量的文學作品。歷史上悲觀的文學家很多，樂觀的詩人卻很少，細數起來，可能連一隻手都用不完。劉禹錫用他始終一貫的強大精神，向眾人大聲宣誓：「被貶官又怎麼樣！舞照跳，馬照跑，我還是過得很好！」

劉禹錫十分長壽，活到七十一歲。他歷經了八位皇帝，一個個都只是過眼雲煙；他承受了許多誣陷，一件件也隨之煙消雲散。身為文人，總有感時傷懷的時候，劉禹錫卻一掃這種舊例，意志格外強韌。什麼感懷？心懷大志的人是不掉眼淚的！所謂夏有涼風冬有雪，好與不好只不過是主觀者的心態，倘若能轉變自己的想法，就算世態不變，也有辦法讓世間變得更美好。

貶官就貶官，我有吃的就行了！

曠達文青蘇軾的豪華吃貨之旅

做爲文學創作以外的最大愛好，美食在蘇軾的人生中一直占有很重要的地位。走到哪吃到哪的他，把本是無可奈何的貶官，搞成了一場盛大的吃貨之旅。

所處時代：北宋中期～末年。出生後不久，宋朝和西夏即展開第一次宋夏戰爭。

代表作：《寒食帖》〈水調歌頭〉

經歷：

一、不可撼動的文學天才，自始至終的頑強吃貨。

二、由於沒有官氣，經常被好友亂嗆，曾有「八風吹不動，一屁打過江」「東坡吃草」「石壓蛤蟆」等超酸評價。

三、對豬肉愛不釋手，留下「無肉令人瘦，無竹令人俗」的千古名言。

絕招：連續吞食荔枝三百顆，引起在場所有人一片掌聲。

在古代，日常生活必備品的代稱爲「柴米油鹽醬醋茶」，合稱「開門七件事」，無一不與飲食有關，可知飲食是生活中最重要的事；畢竟不念書頂多變傻，要是不吃東西，人可就完蛋了。

飲食是種累積的文化，歷史越是悠久的民族，吃的花樣也越多。有四千多年的中國飲食文化到了宋朝，已很豐富完備了，各地的特色美食多不相同：北有餅，南有米；湖有魚，海有蠣；黃州有多到吃不完的豬肉，海南島上還有生長茂盛、結實纍纍的椰子。

如果要說誰是整個宋朝的史詩級大吃貨，東坡先生——蘇軾很可能會驕傲地舉起雙手，當仁不讓地大喊：「就是我！」

蘇軾常被貶官是衆所皆知的事，但大家對他被貶時如何化解煩悶，卻不太清楚。除了和朋友打打嘴砲過日子外，蘇東坡最喜歡以吃忘憂，每到一個新的環境，他那雙手便會開始蠢蠢欲動，四處搜索當地好吃的美食。

不誇張，綜觀蘇軾的貶官經歷，簡直就是一張超豪華美食地圖。

風雲變色的從官路途

蘇軾的政治生命始於二十歲。那一年，他與弟弟蘇轍一同進京趕考，主考官是大文豪歐陽脩。他讀完蘇軾的考卷後，讚嘆不已，簡直不敢相信地表竟有文筆這麼好的人！爲了驗證這並非偶然，還要蘇軾把自己之前寫的文章通通拿來，這一讀，更是讓歐陽脩驚豔，對梅堯臣說了那句千古名言：

「我該退讓一步，好讓他出人頭地。」（吾當避此人出一頭地。）

蘇軾一出場，就震驚了大宋的政壇與文壇，也很快就被朝廷命爲尚書祠部員外郎。蘇軾的才氣開始名揚天下，並積極參與變法改革。

蘇軾雖然敬重主持變法的王安石，但他發覺變法的核心是「富國」，而非「富民」；國家雖然略有起色，貧困交加的難民卻變多了。國富但民不聊生，這不是蘇軾希望看到的，他遂冒著生命危險上奏宋神宗，只是神宗對此沒有顯露出太多興趣，來個已讀不回。

蘇軾越想越氣不過，爲了表明自己不屑與這群無視百姓安危的官吏們一起工作，他和王安石公開絕交切八段，並自請離開京城，去小地方做官。

也正是在此時，蘇軾開始了一趟奇幻的美食之旅。

一口氣喝完七杯茶是什麼感覺？

蘇軾前往的地方是杭州，這次他是自貶，做的是地方通判。

人們都說江南的杭州十分富庶，是文人墨客們必去之地，蘇軾雖然氣噗噗地走馬上任，但景色秀麗的杭州，馬上化解了他一肚子火。漫步在風光迷人的西湖，在粼粼波光的照耀下，蘇軾寫下千古傳誦的〈飲湖上初晴後雨〉：

水光瀲灩晴方好，山色空濛雨亦奇。欲把西湖比西子，淡妝濃抹總相宜。

自古文人皆愛茶，既能幫助思考，又能奮戰睡魔，是生活中不可或缺之物。蘇軾過去對茶沒有什麼好感，關於茶湯的描寫也寥寥無幾，據說他之所以喜歡上品茶，是因爲一場病。當日蘇軾頭暈目眩，身體忽冷忽熱，遂請了一天病假。但貪玩的蘇軾覺得，自己好不容易有空閒時間，要是躺在病床上，未免太浪費了。於是他穿好衣服，備好斗笠，隻身一人划著雙槳，展開一場重病中的西湖之旅。

累了，就下船到附近的寺廟休息；暈了，就捧著西湖水洗臉。直到晚上，病中的蘇軾還不想回去，跑去看望好友惠勤禪師。禪師見到蘇軾那貪玩又虛弱的樣子，既好氣又好笑，遂讓他飲用專門醫病的濃茶湯。蘇軾稍微淺嘗，便覺得驚爲天人，接著又續了六杯，等到肚子裡全是茶，竟覺得自己的病不藥而癒。極爲開心的蘇軾即興寫下〈遊諸佛捨一日飲釅茶七盞戲書勤師〉一詩：

何須魏帝一丸藥，且盡盧仝七碗茶。

據傳魏文帝的太醫醫術十分高明，就算皇帝身體有什麼狀況，也只要太醫一顆藥丸就能搞定。而這七碗茶不但不苦澀，還很好喝，魏帝的藥丸哪能與之相比？

烏臺詩案

蘇軾在杭州過得非常開心，也在這段期間結交了許多朋友，並開始學習泡茶、讀經、焚香，從容面對每一天的到來，安然讓時間隨風而逝。我們可以看得出來，蘇軾感覺上對政治釋懷了，也打算繼續在這裡度過大半人生。可惜天不從人願，元豐二年（西元一〇七九年），四十三歲的蘇軾上表朝廷時，因爲使用了一些「據說」暗譏朝政的語句，惹得皇帝不高興，御史臺的官員還挖出他以前所寫「託事以諷」的詩文，趁機多打他兩耙子，蘇軾旋即被捕，關進烏臺（即御史臺）的監獄，還牽連了一大批官員，史稱「烏臺詩案」。

黃州有什麼好吃的？

千百年來，一直無人能蓋棺論定整起烏臺詩案的來龍去脈，導致有許多說法並陳，難以統整。我不敢斷言哪種說法是對的，只知道蘇軾被捕後，滿朝文武群情激憤，紛紛提出勸諫或爲蘇軾美言。弟弟蘇轍在他入獄期間數度上奏，願去官以贖兄罪；已退休的大臣張方平痛心不已，要兒子張恕連夜趕往京城營救；甚至連往日的政敵王安石也上書勸諫。在衆多反對聲浪下，蘇軾入獄一百三十多天後獲釋。雖免一死，卻難逃貶官的命運——被貶爲黃州團練副使。

宋朝的團練使跟唐朝的司馬很像，都是沒有實權的虛職，更何況蘇軾還是個副使。朝廷命令他不准擅離該地，且無權簽署公文，形同被迫退休。狼狽不堪的蘇軾，就這樣帶著政壇和文壇的一身髒水，來到他人生的轉捩點：黃州。

黃州是蘇軾政治生命的終點，卻是他文學生命的起點。初來黃州時，蘇軾的生活非常窘迫，生活條件也很差，巨大的心理落差與內心的恐懼煎熬，讓蘇軾寫出「萬事到頭都是夢」的悲涼文字。不過這種情緒並沒有持續多久，因爲儘管蘇軾沒有經濟收入，但在朋友送了一塊大空地讓他耕種後，他便迅速變回那個貪玩愛傻笑的可愛詩人。

從此，蘇軾脫去文人的長袍方巾，穿上農人的芒鞋短褂，流著汗水勤奮耕田。工作做完了，就和朋友聚在一起講故事或寫字寫文章。蘇軾可說是唐宋時期最會交朋友的詩人，在黃州的那段時間，他結交的朋友多到簡直可以繞地球一圈：從仙風道骨的道士楊世昌，到開酒坊的大叔潘丙，全是他的朋友，而且都不是會客氣的那種，彼此眞心誠意地交心，甚至幹出一些中二病發作才會想到的瘋狂事。比如冒著黃州城禁止宰殺耕牛的法規，和朋友在半夜溜出城外，狂飲黃酒吃黃牛；酒足飯飽後，再偷偷爬牆回去。或是互相嘲笑對方的缺點，像是對著晚年因中風而鼻子歪斜的老友劉攽放聲說道：「大風起兮眉飛揚，安得猛士兮……守鼻梁！」這應該可稱得上是有史以來第一個地獄梗無誤。

當然，有人的地方就有吃貨，蘇軾也在此時結識了另一位吃貨——佛印法師。佛印法師長得胖胖的，看起來就像彌勒佛。他雖是佛僧，對佛門的那些規則卻看得很開，還最喜歡喝酒吃肉。蘇東坡有一詩「遠公沽酒飲陶潛，佛印燒豬待子瞻」，描寫的就是佛印煮肉候客。

佛印非常貪吃，食量奇大無比。蘇東坡和黃庭堅動手做麵餅時，都會說好要瞞著佛印；沒想到有一次被佛印發現，他竟順手摸走兩塊大餅，躲在佛像後樂呵呵地吃著。

還有一回，佛印煎了魚準備下酒，正巧蘇軾來訪。大概是佛印有點餓了，不想和蘇軾共享鮮魚，便將魚藏在大磬底下。進了門的蘇軾聞到魚香，卻不見魚的蹤影，便循著味道找去，才知道佛印把魚藏在大磬下面。蘇軾不動聲色，只默默看著佛印，過了一會兒才緩緩說：「我問你喔，『向陽門第春常在』的下句是什麼？」佛印奇怪蘇軾為何有此一問，卻也不加思索隨即說出：「這你也不知道？就是『積善人家慶有餘』嘛。」蘇軾撫掌大笑：「很好！既然慶（磬）有餘（魚），那你就做一回積善人家，拿出來共享吧！」

請叫我總鋪師

也正是在黃州，讓蘇軾的烹飪潛力一整個大爆發，接連發明了東坡肉和東坡餅。

黃州有句俗語：「稻草繫豬豬不跑。」當時的富人不肯吃豬肉，窮人則不知道怎麼吃，所以豬都過得很安逸。直到那一天，豬群終於回想起了曾經一度被人類所支配的恐怖，還有囚禁於豬圈中的那份屈辱。生活窘迫的蘇東坡實在愛死豬肉了，乾脆抓了一群豬回去，自己摸索出一套獨特的烹飪方法，以黃酒為底，細火慢燉，等到火候夠了、香味有了，便能大快朵頤。

又有肉，又有酒，夫復何求？對於自己的新發明，蘇軾非常自豪，稱之為「東坡肉」，還特別寫了一首〈豬肉頌〉歌頌它：

淨洗鐺，少著水，柴頭罨煙焰不起。
待他自熟莫催他，火候足時他自美。
黃州好豬肉，價賤如泥土。

貴者不肯吃，貧者不解煮。
早晨起來打兩碗，飽得自家君莫管。

且看此詩的最後兩句，用白話來說就是「我每天早上起來就是要吃兩碗豬肉啦！我自己爽就好，才輪不到你管！」蘇軾對東坡肉的熱愛，可見一斑。

至於東坡餅的發明，則要說到某日晚上，蘇軾和繼連和尚熬夜下圍棋。兩人下到一半，覺得肚子空空，無法思考，於是喚醒家僕去做些吃的。睡意朦朧的僕人來到廚房，發現只剩半碗連湯都乾了的麵條，便把剩麵放進麻油裡燉煮；沒想到他竟忍不住打起盹來，就這樣過了快一個小時。

蘇東坡餓壞了，索性自己跑來廚房，發現鍋裡的麵已經被炸成乾巴巴的餅。僕人惴惴不安，蘇軾卻直接將炸麵餅拿起來吃，覺得酥脆美味，就像餅乾一樣。蘇軾如獲至寶，第二天就跑到街上的糕點作坊，告訴老闆製作訣竅，沒想到這餅竟頗受歡迎，老闆便直接借用蘇東坡的名字，命名爲「東坡餅」。

我一天要吃三百顆荔枝！

在黃州的四年，是蘇軾最難忘的時光。他在那裡經歷過精神孤獨、物質困苦，卻也因自己孩童般的天眞與樂觀，達到了創作巓峰。在這期間所創作的詩文、書法、繪畫與美食，全都影響深遠。可惜的是，正當蘇東坡看開一切，想在這裡安度餘生時，朝廷的詔令再度到來，蘇東坡的貶謫生涯再度啓程。

這次被貶之處是廣東惠州，也就是人稱蠻荒之地的嶺南；與黃州相比，是更加偏遠荒涼的地方。沒有便利商店，也沒有購物百貨，離京城有千里之遙，是名副其實的荒郊野嶺。身爲被人監管的犯官，蘇軾的生活依舊很苦，但創作詩文與享受美食的欲望卻依舊未減。或許對蘇軾來說，吃就是活著的動力，不管怎麼貶謫，地方上總會有好吃的東西，我們的蘇先生也就沒有必要懷疑自己。

他的確很自得其樂。就古代來說，荔枝只產於南方，對北方人而言，是一種價如黃金的水果，有錢還不一定吃得到。唐代皇帝爲了吃到新鮮的荔枝，還專門開闢了從南到北、專運荔枝的「荔枝道」，可見當時的人們對荔枝有多瘋狂。

既然嶺南盛產荔枝，蘇軾當然不會放過這個大好機會。就他自己所說，「日啖荔枝三百顆，不辭長作嶺南人」，如果能每天吃三百顆荔枝，我願意永遠住在嶺南！南方荔枝的好吃程度，還讓蘇軾在給友人的信中留下「荔枝就快熟了，可是我的痔瘡一直發作，不能痛快地吃，眞是可惜！」的話。

在古今文學家裡，蘇軾也是撰寫荔枝主題最多的人，一生寫過〈荔枝嘆〉〈食荔枝〉〈四月十一日初食荔支〉〈減字木蘭花．荔枝〉〈食荔枝二首〉等數十首關於荔枝的詩歌，榮登荔枝愛好榜第一名。

前面提到，蘇軾不僅會吃，也很會發明新美食。在遙遠的嶺南，羊肉是當時的主要食材；蘇軾做爲被貶之人，自然不能與達官貴人爭搶羊肉，於是私下囑咐殺羊的人，把肉很少、沒人要的羊脊骨留給他。蘇軾先將羊脊骨徹底煮熟，澆上一碗酒，再沾上一點鹽，慢慢用火烘烤，等待表皮酥脆，便可食用。

蘇軾吃羊脊骨時，大部分時間都花在剔骨頭縫的肉，雖然所食甚微，心裡卻覺得非常高興；而且他在啃骨間肉、吸吮脊骨裡的骨髓時，竟吃出了蝦蟹的鮮味，還特地在寫給弟弟的信裡介紹這種吃法，並以調侃的口吻說：

「這種吃法是不錯，只是圍繞在身邊的幾隻狗都很不開心。」（實可施用也，然此說行，則眾狗不悅已。）

後來羊脊骨漸漸有了名氣，逐漸成了嶺南的當地特色餐點，外地人覺得這個部位形似蠍子，且肉中帶骨，便稱它爲「羊蠍子」。後來還喜歡把它放進火鍋裡煮，既能拿來吃，也能增加湯底的風味。

海南島：免費海鮮吃到飽

蘇東坡在惠州的時光並不長。到惠州兩年後，人生便猝不及防地再次滑入谷底，蘇軾被貶到了人稱「大宋版國境之南」的儋州，也就是海南島。邁入花甲之年的蘇東坡，跟親人朋友分別交代完後事，便帶著沉重的步伐，步上人生最後的貶謫之旅。

儋州生活比惠州更差；如果說，黃州的生活難度是一顆星，那麼儋州的生活難度就是五顆星 plus 地獄菁英級。

儋州的地理環境糟糕透頂，穀物連年歉收，政府官員的糧食甚至得靠船隻運送，對一個吃貨來說，這簡直是一種酷刑。儋州什麼都缺，唯獨陽光充沛，蘇軾常幻想：如果陽光能止飢，那該有多好？可惜這種想法顯然很不現實。不過蘇軾很快就想到絕佳的解決方法——若是吃不到東西，那就自己創造。

走馬上任兩個月後，蘇軾開始了自己的荒島求生冒險之旅，開始品嘗儋州的在地美食：剝開椰子的外殼，把裡頭的汁液倒出來，並用自備的疏巾，像漉酒般過濾後，再豪邁地一飲而盡。蘇軾從未喝過椰子汁，覺得這種味道超酷，還透著一股淡淡的酒香。有時候島上沒有酒喝，他便會打幾顆椰子，聊以慰藉。

蘇東坡後來也學會了烹製牡蠣，發現味道非常鮮美。以前待的地方都在吃魚，一邊吃還得一邊挑刺，不如吃牡蠣來得爽快多了。蒸熟後，一筷子便可夾走，味道也不比鮮魚差！他樂呵呵地寫信給朋友：

「可別讓中央官員知道這些好康喔……如果他們知道了，肯定會搶著貶官，我就沒得吃了嘿嘿……」（無令中朝大夫知，恐爭南徙，以分此味。）

蘇軾後來感染結膜炎，別人告訴他要少吃海鮮，蘇軾卻說：

「我知道這不對，但我的嘴不聽。」（余欲聽之，而口不可。）

南方的陽光炙熱，蘇軾的兒子蘇過便將椰子殼剖成兩半，打磨後做成一頂小帽，蘇軾爽快地將椰子帽戴在自己頭頂，整天悠遊自在地走來走去，還引來人們圍觀。

蘇軾的歷史評價

在蘇東坡去世前三個月，曾寫過這樣一首總結一生的詩〈自題金山畫像〉：

心似已灰之木，身如不繫之舟。問汝平生功業，黃州惠州儋州。

蘇軾一生起伏，大起大落，而最讓他驕傲的地方，絕不是在朝堂上呼風喚雨的光輝歲月，反倒是遭受貶謫那段日子。

在追逐名利與豁達安樂的選擇中，蘇軾放下自身那份屬於士人的孤高，廣結平民為友，坦然脫去「蘇軾」的外殼，成為「蘇東坡」。事實上，蘇東坡生來是個樂觀的人，即使遇到傷心事，也很快就能把情緒調整回來，不憂愁也不焦慮。等到他發覺自己並不屬於昏庸黑暗的官場時，他不屑辯解，也不屑鬥爭。貶官就貶官吧，這樣我還能吃點特別的美食呢。

儘管世上少了一位文人才子蘇軾，卻多了一個寬宏大度、樂觀豁達、積極向上的民間凡人蘇東坡。以前的國文老師曾告訴我們「前半生學蘇軾，後半生學蘇東坡」，但當時並不了解此話的涵義，還覺得老師說話沒邏輯，蘇軾就是蘇東坡啊，哪裡有差？現在才稍微明白了：學習蘇軾，學的是他的前半生，是他的文學才華、處世原則和積極態度。學習蘇東坡，學的是他的後半生，是他的生命哲學、生活哲學和藝術哲學。

在苦難歲月裡的自我超越，遠比理想的實踐更重要。蘇軾跳脫世俗功名的束縛，不因行路之艱失去漫步之趣。挫折從來未能打倒他，反而成為人生中的一種樂趣。他的詩詞作品大氣灑脫，一如其人，又充滿才情，教人讀來驚嘆不已。或許正如民間傳說所言，蘇東坡是天上的文曲星，為體驗民間疾苦而下凡走了一遭，為宋代文壇留下壯盛繁華的一片風景。

每天都是喝酒天

酒豪文青李清照的暢飲日記

從現在的角度來看，李清照根本就是個古代網美，個性活潑外向，又喜歡秀恩愛，每天和老公放飛自我，飲酒作樂，幸福得就像一對神仙眷侶……

所處時代：北宋後期～南宋初年。出生那年，蘇軾正好調離黃州。

代表作：〈聲聲慢〉《金石錄》

經歷：

一、喜歡蒐集文物字畫，賭博能力一流。

二、第一段婚姻琴瑟和鳴，留下許多談情論愛的詩文。

三、第二段婚姻生涯慘不忍睹，很快便勞燕分飛。

絕招：與趙明誠挽著手卿卿我我，閃瞎在場所有單身狗。

綜觀中國文壇，會寫詩的，基本上都會喝酒，且一定寫過關於酒的句子。酒能激發詩人的創作靈感，詩則能增添飲酒時的高雅情調。詩中之酒最香濃，酒中之詩最動人，兩者彼此依託，相互映襯，堪比奶茶和珍珠的絕妙組合。有人說，要是把所有唐宋詩拿去壓榨，至少能榨出半斤酒來，可見酒已成為詩人創作不可或缺的一部分。

宋朝，一個全民作詩、萬人寫詞的時代，隨便在路上抓幾個人，大概都能輕輕鬆鬆地即興賦詩，更別說蘇軾、辛棄疾、王安石這些超希有五星級白金詩人了。但若是論及女性文學家，除了李清照，大概也找不出其他人。

沒錯，李清照就是從這千萬高手中脫穎而出的千古第一才女。

她會喝酒嗎？

當然，而且酒量比其他男性詩人更好。

活潑外向美少女

李清照有名的作品大多數都是晚年所作，沉鬱哀傷，導致許多人誤以為她是朵難以親近的高嶺之花。事實上，李清照的個性要比大家想像中活潑得多。

李清照出生於書香門第，其父李格非是當時著名的學者，母親王氏也是名門之後，按理來說，這種出身的女子，應該是典型的淑女，德言容功樣樣俱全。

然而，李清照一出生，就讓衆人跌破眼鏡。

她從小就是家裡的頭痛人物，不但喜歡吟誦「男性專屬」的儒家典籍，還很活潑外向。在那個保守的時代，這顯然不是一件好事，畢竟俗話說「女子無才便是德」，女子不需要才氣，安安穩穩地嫁個好人家才是打算。

不過清照姊姊顯然不是那種循規蹈矩的鄰家女孩，因爲她的人設，很明顯就是位叛逆女青年！都說詩人離不開酒，李白就是個典型的例子。沒有酒，他的詩興似乎就無法激發；蘇東坡也是如此，只有在醉意朦朧中，才能誕生出千古名作。那麼李清照呢？她開喝的年紀比這些人更早！

早在十四歲，相當於八年級的年紀，李清照便已學會飲酒。她曾在作品中提到，自己常和姊妹們在旅遊途中喝得滿臉通紅，有時甚至「沉醉不知歸路」，醉到連家都忘記怎麼回。十六歲（也就是高一）那年，她初露鋒芒，寫下成名作〈如夢令〉：

昨夜雨疏風驟，濃睡不消殘酒。試問捲簾人，卻道海棠依舊。知否，知否？應是綠肥紅瘦。

人們常說「詩詞」「詩詞」，事實上，詩跟詞還眞不能混爲一談；如果將詩比喻成勵志散文，那麼詞就是愛情小說了。儘管詞也有格律必須遵守，但它更傾向抒情，展現出婉約的感性之美。

〈如夢令〉一出，馬上傳遍大街小巷，成爲膾炙人口的當紅作品。李清照的作品中從未出現過針線，提起喝酒曖昧的次數倒是多如牛毛；她一生寫了五十八闕詞，其中二十八闕都提到酒，足見她好飲的程度。當時有人批評她，身爲女人，就應恪守本分，不該「風流成性」，但李清照才不管，酒照喝，詞照寫，還用大膽挑逗的口吻，描述自己偷看帥哥的經驗：

敢蹴罷秋千，起來慵整纖纖手。露濃花瘦，薄汗輕衣透。
見有人來，襪剗金釵溜。和羞走，倚門回首，卻把青梅嗅。

——〈點絳唇・蹴罷鞦韆〉

李清照想偷看客人的長相，又怕被對方發現。想走捨不得走，想看又看不得，只能靠著門，假裝聞花香，目光卻悄悄地望向對方。

李清照的爸媽總是擔心她的舉止會遭到旁人嫌棄，害她找不到老公，但這很顯然多慮了。

遇見好老公，閃瞎單身狗

李清照十七歲那年，在偶然的機會下遇到了自己一生的至愛——趙明誠。趙明誠當時二十一歲，既是位才子，也是位文青，還喜歡金石字畫，兩人初次見面便情投意合。與當時的社會風氣不同，趙明誠並不害怕李清照擁有才華，反倒很欣賞這位才女，不管怎樣都想把她娶到手。但趙李兩家的政治立場並不相同，家人並不贊同這門婚事，於是趙明誠騙爸媽自己做了個夢，解夢的結果說自己要做「詞女之夫」，老爹不敢違抗「神意」，只好成全他倆的親事。

李清照和趙明誠門當戶對、志趣相投，又是郎情妾意，婚後生活十分甜蜜，過得如神仙眷侶。李清照未嫁時，身上還留著一些禮教束縛，但婚後，愛妻魔人趙明誠並不限制她的奔放舉止，放任她做自己愛做的事。李清照彷彿脫去了所有枷鎖，成爲一名眞正的自由人，每天不是和老公卿卿我我，就是吟詩作對、品賞古董、飲酒作樂、呼友打牌。這是李清照最愜意的一段時光。

當然，李清照依然保持著喝酒的習慣，頻率甚至變得更高，一如李白所說的，「今朝有酒今朝醉，莫使金樽空對月」，有牌就是要打！有酒就是要喝！

當時李清照迷上一種很浪漫的酒類，叫做「花酒」，這種酒的釀造工藝不高，但極需要耐心。要小心地摘下枝頭的花朵，避免留下傷痕，再將花瓣一片片剝開，撒進酒甕中，釀製完成的花酒，喝起來會有淡淡的花香，似茶芬芳，似酒醉人。

一年四季都有鮮花綻放，因此李清照遇到哪個季節，就喝哪種酒。如果是秋天，就泡菊花酒，「不如隨分尊前醉，莫負東籬菊蕊黃」就是這麼來的；如果是冬天，就做梅花酒，「年年雪裡，常插梅花醉」就是指這回事。在春夏秋冬的轉變中，李清照每天飲酒數斗，每次花源都不同，唯一不變的是她那酒後微紅的雙頰。

李清照很容易因爲一些小事就勾起飲酒的興致。風花雪月，先喝一杯再說；傷春悲秋，也先喝一杯再說。李清照飲酒，大多出於四個原因：

一、「東籬把酒黃昏後，有暗香盈袖。」——老公在外地工作，獨守空閨很孤單，於是望著暮色喝酒。

二、「共賞金尊沉綠蟻，莫辭醉，此花不與群花比。」——寒冬之際，看到一株盛開的梅花，覺得很漂亮，當即邀請姊妹一起喝酒。

三、「險韻詩成，扶頭酒醒，別是閒滋味。」——琢磨文學作品時，覺得很困難，於是喝上幾杯幫助思考。

四、「要來小酌便來休，未必明朝風不起。」——明天天氣好像會變糟，先喝一杯再說。

對於自己的嗜飲，李清照向來不加掩飾；只要興致一來，雞毛蒜皮的小事也能讓她拿起酒杯痛飲。她就像流行歌曲所描述的「每盞燈都像許願的蠟燭/每一天都值得慶祝」，只要買得起酒，每一天都值得她盡情暢飲。

身爲老公的煩惱

比起李清照，趙明誠克制得多。自從當上公務員後，基本上他的生活就沒再出現過喝酒的場景了；畢竟酒是一種會上癮的飲品，一旦產生依賴，短時間內很難戒除。聰敏的趙明誠面對此番窘境，突發奇想，「以茶代酒」，於是茶就這麼出現在趙明誠的餐桌上。

李清照不但愛酒，對茶也很有好感。就她自己所說：「酒闌更喜團茶苦，夢斷偏宜瑞腦香。」在酒後品嚐茶的濃苦，就像夢醒後嗅聞著沁人心脾的龍涎香一樣，令人著迷。李清照往往在微醺後，和趙明誠前往藏書樓，爐子上烹著茶，等到茶香芬芳，夫妻倆便開始玩遊戲——指著面前堆積成山的書籍，說出某個典故在哪本書的哪一頁哪一行，先答出來的人先喝茶。微醺的李清照經常玩得開懷大笑，導致雙手一個不穩，將茶水傾灑在衣衫上（仔細想想，這個舉動還挺可愛的）。

不論在當時或現在，李清照在詩詞上的成就，無疑比老公高上數倍有餘。趙明誠做爲一家之主，卻總是頂著「李清照老公」的頭銜，心裡難免覺得不是滋味，他也夢想某天能寫出千古名篇，至少讓自己的名聲能和妻子平起平坐。

有一回，趙明誠去外地出差，李清照毫無意外地跑去喝酒，喝完後還寫了一闕相思詞〈醉花陰〉送給趙明誠。其中有一段是這樣的：

東籬把酒黃昏後，有暗香盈袖。莫道不銷魂，簾卷西風，人比黃花瘦。

趙明誠讀完後非常感動，但在感動之餘，更多的是對自己文學水準的不滿：「為什麼我沒辦法像老婆一樣，寫出那麼有美感的詞呢？」趙明誠發誓要寫一闕藝術高度勝過它的詞，為此廢寢忘食，閉關謝客，花了整整三天，寫了五十多闕，還故意將李清照的〈醉花陰〉加在中間，拿給自己的朋友陸德夫看。

陸德夫接連看了好幾遍後，緩緩地說：

「這裡面，只有三句寫得最好。」

「哪三句？」

「莫道不銷魂，簾卷西風，人比黃花瘦。」

趙明誠大嘆一聲，終於明白李清照的文學天賦不是一般人能相匹的。既然文學比不上，鑽研史學倒未嘗不可，從此趙明誠便專心在金石考古，後來還和李清照聯合出了一部《金石錄》，順利闖出了名聲。從某方面來說，正是因爲李清照的醉，才造就了《金石錄》的誕生。

漂泊四方

李清照與趙明誠是一對十分親密的夫妻，但在時代的影響下，兩人注定相遇，卻也注定咫尺天涯。結爲夫妻二十多年後，政治局勢開始動盪不安，首先是新舊黨爭，險些讓他們遭受池魚之殃；後來金兵南下，又讓他們被迫離開家鄉。

在這政局動亂的時候，趙明誠又因爲一念之差，竟讓李清照一個人留在青州，看守他們多年來蒐集的金石書畫，自己提前南下。只能獨自面對一切的李清照，想盡各種方法，越過千山萬水，躲過兵連禍結，最後成功將十五車文物運到建康。

對於丈夫冷酷無情的舉動，李清照始終無法接受；當兩人再次見面時，往昔的魚水和諧也已一去不返。逃難途中，夫婦倆行至烏江，李清照站在曾是西楚霸王項羽拔劍自刎之處，面對浩浩江水，默默吟出一首〈夏日絕句〉：

生當作人傑，死亦爲鬼雄。至今思項羽，不肯過江東。

李清照吟詩的當下，趙明誠就站在她身後。三年後，趙明誠因病離開人世，一段近三十年的姻緣，就此畫下不完美的句點。

從李清照的許多作品中不難發現，她對趙明誠用情極深。雖然兩人最終貌合神離，但不管多少年過去，李清照始終惦記著他們賭書潑茶、把玩字畫的那段時光，她對趙明誠的忠誠從未動搖，而他也是她一生的摯愛。對過去幸福快樂生活的追憶，後來也成了自己晚年苦澀生活的慰藉。

綜觀李清照前半生的作品，字字句句都充滿女性特有的含蓄典雅，但這些都已隨著生命的風雨顚簸消失殆盡了，她的詩歌一變而爲沉鬱蒼涼。翻開李清照晚年的作品，我們可以體會出她深沉的憶昔傷今之感。從前她喝酒，是爲了抓住當下；現在她喝酒，是爲了忘卻過去。她在〈鷓鴣天〉如此寫道：

秋已盡，日猶長，仲宣懷遠更淒涼。不如隨分尊前醉，莫負東籬菊蕊黃。

秋天快要過去了，白晝還如此漫長。不想再讓心情這麼糟下去的李清照，決定學習陶淵明一醉解千愁，瀟灑地喝上一場。在古代文學中，詩人經常藉物抒懷，像是鄭板橋喜歡歌頌竹子，陶淵明歌頌菊花等，但李清照卻從不以景物為抒懷的主要對象，始終貫穿著醉酒薰香，彷彿在用昏沉的醉意，讓自己內心所有情感得以傾洩而出。

酒是一項中性的物品，開心時能喝酒，傷心時也能來上一杯。李清照心上在想什麼，也就決定了這杯酒是否苦澀。相比於一向正直的竹子、一往高潔的菊花，酒更能體現出一位女子最真實的內在，以及她的歡樂和深情、憂鬱與哀傷。

心痛，皆因愛得太深

李清照的後半生經歷了再嫁又離婚的痛苦，還被縣衙抓去坐了九天牢。這時的她已對世事冷漠，孤苦伶仃，萬念俱灰；愛情、親情、豪情……一切煙消雲散。人世的變幻無常，禍福之莫測難料，讓她無法再承受更多打擊。晚年獨居的李清照，埋頭續寫趙明誠的《金石錄》，偶爾念及往事，不由得惆悵傷感：

尋尋覓覓，冷冷清清，淒淒慘慘戚戚。乍暖還寒時候，最難將息。三杯兩盞淡酒，怎敵他，晚來風急？雁過也，正傷心，卻是舊時相識。

滿地黃花堆積。憔悴損，如今有誰堪摘？守著窗兒，獨自怎生得黑？梧桐更兼細雨，到黃昏，點點滴滴。這次第，怎一箇愁字了得！

——〈聲聲慢〉

李清照的後期詞作少有「愁」字，但字字含愁，聲聲是愁。世道動盪，她是飄搖在其中的一葉孤舟，任由時代的浪濤擺布，乘著狂風擺盪不定。

數十年過去，李清照已然年邁；無夫無子的她，擁有的不過是一座小小的院落。在人生中的最後一段時光，一位老友帶著小女兒來看望她。李清照看著這個小姑娘，覺得這孩子端莊大方，像極了小時候的自己，便笑著對她說：「妳來跟我學習吧，我願意把畢生所學全部教給妳。」

沒想到這孩子張口就說：「才藻非女子事也。」

孩子的童言無忌，往往是最傷人的。李清照若有所思，沉下了臉。

紹興二十五年（西元一一五五年），李清照悄然辭世。

坎坷苦難的命運，讓李清照體會常人不能悟的眞情。生命也許會因爲年齡消逝，美酒也許會因爲貪杯見底，好的文學作品卻能永垂不朽。李清照一生漂泊過，掙扎過，恨過，也曾恣意瀟灑、酣暢淋漓地愛過。在那樣一個保守的年代，痛痛快快地過著不保守的生活，簡直是衆人難以想像的事，李清照卻依隨內心的想法，走出自己的路。縱使歷史的黃沙淘盡了李清照的年華，卻永遠淘不盡她的詩、她的詞，還有她刻骨銘心的情。

喝最烈的酒，釀最深的情，這就是李清照，一位女詞人的一生。

金戈鐵馬，
氣吞萬里如虎！

戰爭文青辛棄疾的慷慨江山

做為一位武將，最後卻混成了文人；歷史課本沒能載入辛棄疾的英勇，國文課本倒是將他納入文學創作者的一員。這或許會讓辛棄疾很難接受：我想當的明明是武將啊！

所處時代：南宋初年～中期。在他出生後不久，南宋與金簽訂《紹興和議》，並殺岳飛父子。

代表作：〈破陣子〉〈永遇樂．京口北固亭懷古〉

經歷：

一、立志收復中原，復興大宋。

二、不敢說是文學家裡最會寫詞的，但絕對是文學家裡最會打仗的。

三、看不慣囚犯拖累國家發展，便把他們全殺了。

絕招：騎馬速度非常快，追得上所有背叛他的背骨仔。

我們對「文學家」這個群體常常抱有天然的「誤會」，總覺得他們弱不禁風、手無縛雞之力，就是偶爾讀讀詩文，看看山水，享受自己的小確幸。

不過，辛棄疾很明顯不是這種類型。

相較於國文教材裡的其他文學家，辛棄疾是非常特別的人物：雖是一名詞人，但跟大家想像的「文青」有很大的差距，更像是「憤青」，不做作，不含蓄，也從不後悔自己所做過的決定。

辛棄疾一生在戰場上廝殺無數，砍過的人頭比寫過的字還多，流過的鮮血比他的詩歌更熱情。現實中的辛棄疾，不愛詩詞愛江山，是一位慷慨豪放的將領。生於亂世中的他，命運多舛，在國家危難之際，屢次挺身而出，為國家獻上一生。

憤青的養成

靖康之變十三年後（金熙宗天眷三年，南宋紹興十年，西元一一四〇年），辛棄疾出生於已是金人地盤的山東——對南宋人來說，這裡就是「淪陷區」。

辛棄疾的父親很早就過世了，由祖父辛贊撫養他長大。童年時期的辛爺爺所接受的是北宋的統治，曾親眼見過它的浮華，也見到金兵如何使山河變色、生靈塗炭，因此養成了憤青個性。他常對辛棄疾說北宋滅亡的慘痛歷史，也帶著他登上高山，眺望祖國曾有的大好河山，這讓辛棄疾留下很深的印象，也讓他逐漸長成憤青第二代。

事實上，辛贊是一名「宋諜」，表面上爲金朝做事，卻暗地裡聯絡各路豪傑，圖謀光復大業。辛棄疾長大後，時常跟著爺爺進行戰地考察作業，他利用自己的年輕，屢屢達成其他人無法完成的任務。比如在十四歲和十七歲時，兩次赴燕京參加金朝的科舉考試，就是受祖父「隨計吏抵燕山，諦觀形勢」之命所進行的實地考察。

當時的辛棄疾沒事就會去健身，把自己練成肌肉猛男；又讀了不少戰略兵書，陰謀陽謀都很在行。閒暇之餘，偶爾也會寫些有關國仇家恨的憤青文，但那其實只是寫好玩的，他可能想也想不到千百年後，自己會變成國文課本上的常客。如果訪問十四歲的辛棄疾，很可能會出現以下對話：

「辛同學您好，很高興您能接受採訪。」

「別拖拖拉拉的，有話直說，老子我還要回去讀兵書呢。」

「請問您未來的志願是什麼？」

「志願？你看我一身肌肉（擺出健美姿勢），當然是當武將啊！反金復宋的武將！」

「那您覺得自己最不可能從事什麼行業呢？」

「文人吧，感覺孬孬的。我雖然會寫詩，但那只是打發時間，老子可是要幹出一番事業的人，才不會把時間浪費在傷春悲秋上！」

說到辛棄疾前期的作品，其實不怎麼有味道。當時有一位小有名氣的詩人叫蔡光，後來被金人擄到北方。辛棄疾知道後，跑去找蔡光，希望他能給自己的作品一些評價，沒想到蔡光看完了辛棄疾的作品後，面無表情，只緩緩地說：

「若肯努力，將來還有機會成功……」（詩則未也，他日當以詞名。）

可以說，在年少時期，辛棄疾的文筆並不突出。

不會寫詩，就打仗吧

自從被貼上「不會寫詩」的標籤後，辛棄疾更是把重心放在聯絡人馬、抗金復國上。爺爺去世後，他接下「宋諜」的工作，可說是如魚得水，黑白通吃，手底兩千多個小弟兼打手，儼然一副黑幫大老的姿態。

二十二歲那年，北方抗金部隊烽煙四起，山東接連爆發了好幾場起義。辛棄疾終於等到機會了，他帶著同鄉弟兄揭竿起義，率領兩千人的隊伍，看到金兵就殺！

後來，辛棄疾投奔當時濟南勢力最龐大的起義軍領袖耿京。起初耿京並沒有太重視這位前來投靠的憤青，只命他做一名無足輕重的文官，掌管文書和帥印；但不久後發生的一件事，令耿京從此對辛棄疾刮目相看。

兩個背骨仔

儘管辛棄疾未必是衆文青中最頂尖的詞人，但可以肯定的是，他絕對是詞人裡最會打仗的。當初和辛棄疾一塊投奔耿京的，還有一個名叫義端的和尚，但義端本身就是個守不了清規戒律的花和尚，不學無術，整天只知舞槍弄棒。後來由於受不了繁瑣的公務，竟偷偷幹走由辛棄疾保管的帥印，準備跑到金兵陣營邀功。

辛棄疾知道後，立刻策馬狂奔，追上義端。義端一見辛棄疾雙眼通紅，一副如狼似虎的架勢，嚇得雙腿發軟，趕緊停下馬車，跪地求饒：

「我知道您的眞身是一頭青兕，您力大能拔山，將來定有大造化。您就饒了我的小命吧！」

青兕是傳說中的神獸，據說長相和犀牛差不多，力能拔山。辛棄疾並沒有因爲義端的求饒而心軟，看著義端那副嘴臉，他心裡鄙視得不得了，順手拔劍就將義端砍成兩半。

回到營區時，辛棄疾手裡抓著一只裝有義端腦袋的麻布袋，神態自若，好像什麼事情都沒發生過一樣。這次事件讓耿京對辛棄疾刮目相看，並讓他擔任更重要的職務——掌書記，相當於進入領導核心，但這絲毫沒有影響他慷慨豪放、嚮往馳騁沙場的性格。

紹興三十二年（西元一一六二年），也就是起義後的第二年，義軍決定歸宋，耿京派遣辛棄疾找南宋皇帝商談，沒想到此時又出現了一個背骨仔張安國。他趁著辛棄疾不在，心生叛意，殺了義軍首領耿京，逃往金國大營。

辛棄疾聽到這個消息，暴怒難抑。當時他已經完成任務，準備歸來，本想慢慢走個幾天，這下可好，挑選五十名精兵，連夜向金營暴衝而去。當時金兵大營共有五萬人，等於一人要打一千人，比開無雙外掛更難；辛棄疾卻靠著迅雷不及掩耳之勢衝破敵方大營，在毫髮無傷的情況下，將張安國生擒上馬，風馳電掣般消失在茫茫夜色中，只留下一臉困惑、不知道剛剛到底發生什麼事的金兵。

張安國上一秒還在帳中摟著美女的腰，喝著香甜的葡萄酒，下一秒就被虎背熊腰的辛棄疾抓到馬背上五花大綁，揍得鼻青臉腫。辛棄疾的隊伍夜以繼日地趕回南宋境內，將這個殺害長官的叛徒交與朝廷。政府接受辛棄疾等人的提議，將張安國問斬，首級高懸城門，以祭奠老長官耿京。

這年，辛棄疾才二十三歲，從此名聲大振，幾乎成了傳說。

南宋四十年

回歸南宋的辛棄疾，對朝廷的怯懦和畏縮並不了解，仍懷抱著收復中原的夢想，曾多次上表，期盼恢復失地、報仇雪恥，例如《美芹十論》《九議》等。儘管這些文章的可行性很高，但朝廷卻表現得十分冷淡：

「金朝現在一場糊塗，必亂必亡！反攻正是最好時機！」

「喔喔……是喔……」

「我願意親上戰場，帶領大宋恢復昔日的榮耀！」

「好……好……我們改天再來討論吧。」

南宋君臣沉醉於江南的繁華溫柔，無心收取中原；什麼民族大義，什麼國仇家恨，滾一邊去吧，享受當下才是王道。辛棄疾多次向皇帝進言，自願請纓出征，最後卻都遭到委婉拒絕。換言之，朝廷喜歡的是辛棄疾異於文人的強大執行力，但不包括他收復中原的理想。

二十七歲那年，辛棄疾開始被派到地方擔任重要官職，治理荒政、整頓治安。辛棄疾依舊保持自己的硬漢作風，在大街上貼滿官府告示：凡是犯下竊盜、殺人、強姦等事，不論何人，一律問斬。並兼任霹靂小組隊長，攻陷強盜大本營，親手砍了幾個強盜頭子的腦袋。除此之外，他還做了一般人難以做到的事：把獄中的犯人全部殺光，不留活口！你們為非作歹，還想讓國家養？統統給我去死！將這些錢省下來買兵器！

辛棄疾實施嚴刑峻法，殺伐果斷，其轄下成為整個南宋治安最好的地方。但水能載舟，亦能覆舟，他的政策惹得百姓非常不滿，後來也多次因此受到朝廷官員糾彈，屢屢遭到貶謫。

文武之間

在南宋四十多年的為官生涯中，辛棄疾不是外放，就是賦閒在家，不然就是在調任的路上。歲月一點一點地流逝，他也慢慢地變老。閒暇之餘，他開始思考人生，但結果卻只有無盡的迷茫。也正是在此時，他回首自己的年輕歲月，發現有件事可以化解內心的鬱悶，那就是作詩爲文。他遂將所有熱血都宣洩於此，不論是策馬揚鞭、刀光劍影、鼓角陣陣，還是萬里折衝，都是他的夢想與回憶。

一、「千古興亡多少事？悠悠。不盡長江滾滾流。」（〈南鄉子〉）——感嘆收復中原的夢想遙不可及。

二、「醉裡挑燈看劍，夢回吹角連營。」（〈破陣子〉）——喝得酩酊大醉，在半夢半醒間回到遙遠的年輕歲月。

三、「追往事，嘆今吾，春風不染白髭鬚。」（〈鷓鴣天〉）——想起年輕時的激情歲月，感慨萬千。

四、「風流總被，雨打風吹去。」（〈永遇樂〉）——感嘆昔日豪情正隨著時間一點一點消逝。

辛棄疾什麼場面都見過。他曾在沙場上指揮作戰，既見過兵戎相接的場面，也知道力謀復國不得的悲愴深沉，這是其詞作最值得品味的地方。後人說起辛棄疾的詞：斂雄心，抗高調，變溫婉，成悲涼——這也正是他一生的最佳寫照。

歷史確實開了辛棄疾一個大玩笑：一個意在沙場、馬革裹屍的英雄，最終卻被定位成「豪放派詞人」。這或是他一輩子的遺憾：他想成爲的，是在沙場上揮舞大刀、出生入死的眞勇者，而不是「溫婉」的詞人。可惜身處偏安南宋，辛棄疾的霸氣與時代格格不入，注定了他壯志未酬的一生。

辛棄疾在〈賀新郎〉中寫道：

汗血鹽車無人顧，千里空收駿骨。

讓汗血寶馬去拉鹽車，是多麼大材小用的事啊！但事實就是如此，本應橫戈躍馬的武將，卻只能寫寫詩文過日子，與一群見識短淺的官吏混在一塊。如果訪問老年的辛棄疾，很可能會有以下對話：

「辛先生您好，很高興您能再度接受訪問。」

「老話一句，有話直說吧。」

「我想給您看一下我們目前使用的教材，裡面收錄了您的作品。」

「我看看……等等，我怎麼成爲一名文學家了？我明明是武將啊！」

「辛先生請冷靜……」

「把我跟這些文學家放在一起是怎麼回事？老子的技能樹才不是點在這裡！」

隨著辛棄疾日漸老去，收復中原的希望越來越渺茫，他的內心也越來越感到壓抑和痛苦。六十五歲那年，辛棄疾已是白髮蒼蒼的老人家，說不定再過幾年就要告別人世。但他不甘心，自己的理想還沒完成呢！儘管老了，內心還是從前那個少年，沒有一絲改變！於是辛棄疾打造一萬套軍服，招募一萬名士兵，策畫生平最後一次抗金行動——即使沒有朝廷幫助，即使全國上下都沉醉在燈紅酒綠，他也不願苟且偷生。

可惜的是，就在軍隊即將訓練完成時，此事被朝廷官員發現了，辛棄疾再度遭到彈劾去職，而他也終究沒有等到出兵的那一天。

忍受四十年不動干戈，好不容易看到一絲希望，又親眼見證希望遭到剝奪，這讓他再也無法承受。返鄉兩年後，六十八歲的辛棄疾身染重病，帶著憂憤離開人世；據說彌留之際，仍使勁全力大喊：「殺賊！殺賊！」

辛棄疾最終沒能當上將軍，也沒能馳騁沙場；等了一輩子，希望卻告落空。不知是幸或不幸，正因爲他的懷才不遇，才留下了無數傳世佳作，讓我們得以品味他悲傷、壯烈、綺麗的文字；他的文采也使詞境得以擴展，擁有更多元化的表現。讀辛棄疾的詞，也許會在眼光流轉處看見北方疆場上，有位鬥志高昂的好漢，身披戰甲、手持長槍，在衝殺騰躍間，了結一生的英雄夢。

不怕輸，只怕遺忘眞正的自己

辛棄疾過世後，獲得朝廷極度禮遇，賜諡號「忠敏」，意思是忠誠奮勉；而綜觀整個宋朝，也只有他一人獲此諡號。也許，在那個混亂不堪的年代，只有辛棄疾配得上這般評價。他不曾爲了將就別人而委屈自己，除了以青春和熱血去探索，也以無私和堅持來貫徹理想。看在別人眼裡，或許覺得他過於冥頑不靈，但那就是他想活成的樣子。

在辛棄疾的詞作裡，不難看出那沸騰到幾乎溢出的英雄情懷，這是他的創作主題，也是他一生的定調。無論慷慨激昂，還是悲傷哀痛，就算在人生的最低谷，也未曾遺忘那已經融入血脈裡的使命。在人生落幕那刻，辛棄疾也許有失落，也許有感懷，但絕沒有後悔。只要想起自己年少時在軍帳中策畫戰事、中年時在地方勤奮整治，老年時仍不忘初衷，想必他會俯首而笑，落下痛快的淚珠。

醉裡挑燈看劍，夢回吹角連營。八百里分麾下炙，五十弦翻塞外聲。沙場秋點兵。
馬作的盧飛快，弓如霹靂弦驚。了卻君王天下事，贏得生前身後名。可憐白髮生。

——〈破陣子〉

PART 3
只因生在帝王家

把你的手舉起來嗨！

音樂文青唐玄宗的豪華歌舞團

自古以來，皇帝在面對音樂時，往往抱持旁觀心態，大多只擔任觀賞者，而非演出者。但唐玄宗打破了這個慣例，他愛樂成痴，不只要聽，更要親自學習！

所處時代：中唐。開元之治是唐朝的極盛時期，接下來的天寶時期則讓唐朝由盛轉衰。

代表作：《紫雲曲》《霓裳羽衣曲》

經歷：

一、在朝會期間將笛子偷偷放在肚子上練習，滿朝文武與太監想入非非。

二、喜歡玩羯鼓，曾經有敲壞整整三只櫃子鼓棒的驚人紀錄。

三、睡眠品質很不好，經常做夢。

絕招：在半夜敲擊羯鼓，街坊鄰居不堪其擾。

說起唐玄宗的政治事蹟，大家第一個應該會想到寵幸楊貴妃，差點讓唐朝毀於一旦吧？這也難怪，畢竟安史之亂對唐朝歷史而言非常重要，沒有安史之亂，就沒有唐朝後來的衰敗；沒有唐朝的衰敗，也就沒有後來的五代十國。

雖然唐玄宗在執政後期做了一拖拉庫鳥事，但在他執政前期，無疑非常認眞。唐玄宗崇拜唐朝第二任皇帝唐太宗，想效法他成爲一位受萬民擁戴的好君王，並在繼位後採取一連串改革政策：對內促進民生穩定，對外進行軍事擴張，擴大了大唐帝國對鄰國的政治和文化影響，創造出歷史上風光一時的「開元之治」，也使唐朝成爲繼兩漢以後最偉大的朝代。

安史之亂前的唐朝，是中國歷史上最富裕的時代，當時的薪資是歐洲的五倍，據說錢多到連串錢的繩子都會放到爛掉；就算不耕種，儲存的米糧也可以吃上二十五年。在歌舞升平的繁華盛景中，唐朝各方面的經驗値都呈現爆炸性增長，藝術事業的發展也如同其他領域一樣迅速而猛烈。先看看唐玄宗執政期間發生了什麼事吧：

- 文學上：李白、杜甫、王維、賀知章等怪物級詩人相繼橫空出世。
- 繪畫上：開啓藝術選才機制，繪畫大師曹霸靠著一枝筆一疊紙，順利當上了將軍。
- 陶藝上：唐三彩開始普及，陶瓷再也不拘泥於一種顏色。

・書法上：擺脫行書的束縛，追求字形變化繁複的狂草藝術。

・戲劇上：創立專門培養戲曲演員的梨園，唐玄宗後來還因此被封爲梨園祖師爺。

具體來說，此時期不管在哪一方面，只要是關於藝術，基本上都獲得了輝煌的成就，遙遙走在世界各國前頭。

而這一切，有很大一部分要歸功於唐玄宗對音樂的熱血情懷。

半夜雲中羯鼓聲

衆所皆知，唐玄宗在執政前期是一位雄才大略的皇帝，每天日理萬機，政績一個接著一個生出來，就像機器人一樣不需要休息。但出乎意料的是，他同時也是一位多才多藝的音樂家。

驚不驚喜？意不意外？你以爲我會讀書，事實上我又會讀書又會玩！

許多人都說，小時候是激發音樂潛能的最佳時期，如果能早點接觸，能力也自然強。

唐玄宗第一次接觸音樂是在祖母武則天的一次宴會上，當時氣氛很愉快，滿朝文武都喝得醉醺醺的，一些臣子借著酒膽拱小唐玄宗上臺表演。他雖然百般不願意，但爲了不讓祖母沒面子，只好靠著之前看樂女跳舞留下的印象，男扮女裝，即興表演樂舞《長命女》，沒想到表演得很出色，場上一片歡呼叫好（這可能是歷史紀錄中最早的僞娘）。

受到誇讚的小唐玄宗，就像開啓了某個開關一樣，開始主動學習樂器。普通人學一種就已經夠累了，他竟能同時兼顧玉笛、琵琶、羯鼓三種；不僅會彈，還會作曲（著名的《霓裳羽衣曲》就是唐玄宗親自編寫的）。

相對於較文靜的玉笛與琵琶，唐玄宗更喜歡氣勢磅礡的羯鼓——這是一種尺寸較小的鼓，乍看起來有點可愛，但聲音響亮的程度卻不亞於其他鼓（是種類似吉娃娃的概念）。當時的人們在登上高樓賞覽風景時，經常帶著它演奏助興；若值明月清風，凌空的鼓聲可以傳得很遠。羯鼓的特性與其他樂器大不相同，使得唐玄宗常在演奏時感嘆：「羯鼓是八音的領袖，沒有樂器能和它相比！」

別以爲打鼓很容易，隨便敲一敲就有聲音。鼓類確實很容易入門沒錯，但要練到出神入化卻很困難。鼓只有一種音高，沒辦法像琵琶般彈奏出高低音，也無法像玉笛那樣吹出悠遠的長音，怎麼敲都只有「咚咚咚」而已。但正如我們今日所見的高級美食，越是簡單的食材，越能體現出食物的美味。同理，越是簡單的音樂，對技巧與感性的要求也越高；每一次敲打，每一次停頓，都需要全心投入。另一方面，演奏者的情緒低落或開朗，所表現出的音色都是不一樣的，可說每一次奏響，都是一次情感體驗。

唐玄宗走到哪裡都要帶著他的小羯鼓，快樂的時候奏一曲，無聊的時候奏一曲，悲傷的時候也奏一曲，以至於敲壞的鼓棒多到塡滿三只櫃子，連他的音樂老師李龜年都遠遠不及。除此之外，唐玄宗也是隻夜貓子，常常批閱公文批到半夜還不睡覺。而當他想放鬆身心時，就會在萬籟俱寂的夜晚緩緩敲打起羯鼓，讓鼓聲悠悠迴盪在長安城內。溫庭筠的〈華清宮〉裡有一句「宮門深鎖無人覺，半夜雲中羯鼓聲」，描寫的正是此情此景。

即興作曲達人就是我

唐玄宗是一位多產的作曲家，創作的數量堪比職業音樂人，任內總共創作了四十多首新曲，還不包括塡詞。唐玄宗有不少音樂作品至今仍迴響在舞臺上。如果要問唐玄宗爲什麼那麼會作曲，他可能會回答：「因爲我沒有爲了作曲而作曲。」

藝術不是爲賦新詞強說愁，而是情意的表達。面對音樂，唐玄宗的每個音符都是眞心誠意，他從不刻意思考曲調，而是在情志暢然之際，隨手拿起樂器，讓自己與樂器結合爲一體；當下是什麼心情，他便將它彈奏出來。

某年初春，長安城夜裡下了場大雨。隔天早晨，天剛放晴，玄宗就起床了。他緩步來到院中，只見景物一片明麗，庭院中的花朵綻放著美麗與清新，綠草上露珠晶瑩，他喜愛的柳樹與杏樹枝頭上，也已結出小苞蕾。唐玄宗被眼前和諧的景象迷住了，立刻囑咐宮女們溫一壺酒，再命宦官取來羯鼓。放好鼓，飲酒一杯，在這嫵媚的晨光下，一邊即興編曲，一邊奮擊起來。

聽聞鼓聲前來的嬪妃們圍繞在玄宗身旁，爲他擊掌喝采，玄宗則陶醉在演奏中，一點雜念都沒有，直到奏罷，這首曲子也成了。

臣子們紛紛上前祝賀，並詢問這首曲子的名稱。玄宗喘了喘氣，略一思索：「就叫《春光好》吧。」當他再次看向柳樹和杏樹時，發現因日頭已升，樹枝上的苞蕾也開始綻放了，於是大爲驚喜，覺得是自己演奏的《春光好》把花苞催開了，而這也是成語「羯鼓催花」的由來。

開會期間偷玩笛子

唐玄宗的藝術天賦之所以如此高超，還有一種比較玄乎的說法，那就是託夢。

唐玄宗的睡眠品質可能不太好，經常做夢，且總是在夢中看到一些奇特的預言場景。據說他曾夢到一位神態脫俗的梵僧前來覲見，結果夢醒後，還眞有一位法師從天竺遠道而來朝見玄宗。

一日，唐玄宗在夢中看到十多位神仙手執樂器、乘著祥雲降臨在他面前，隨後便列隊演奏起來。祂們所演奏的樂曲動聽悅耳，唐玄宗聽得很是沉醉。演奏結束後，仙人告訴玄宗：「這首曲子只有天宮才有，是神仙聆聽的《紫雲曲》，我看你這麼有藝術天賦，就傳授給你好了。」玄宗便非常高興地接受了。

從夢中醒來後，玄宗雖然依稀還記得樂曲的旋律，但礙於早朝時間緊迫，他只好放棄記譜。只是因爲怕自己忘記《紫雲曲》怎麼演奏，於是玄宗把笛子藏在懷裡偷偷練習。早朝時，高力士發現玄宗很不專心，手指不斷在腹部上下點動，還不時面露難色，低頭皺眉。他還以爲玄宗身體不舒服要拉肚子，一問之下，才知道原來是趁著開會偷玩笛子。

你哪個單位的？

自從當上皇帝後，礙於身分地位，唐玄宗無法再當著朝臣的面翩翩起舞，但他對歌舞的興致依舊沒有消失。自古以來，音樂就有俗樂與雅樂之分，而唐代大致上是這樣區分的：

一、雅樂：在國家級的隆重場合演奏，聽起來很莊重，有一種儀式感，是朝廷用的音樂。

二、俗樂：人人皆可作，人人皆可彈，相較於雅樂的厚重，俗樂更人性化一點，更接地氣一點。

唐玄宗雖是一代帝王，卻覺得街坊的俗樂比雅樂更有藝術性，為此，他親自挑選數百名宮外的樂工和歌女，組建了龐大的歌舞藝術團，還親自擔任團長。

唐玄宗所創立的音樂教育機構是全面性的，各機構的專業分類相當明細。主要分成政府管轄系統下的「大樂署」「鼓吹署」，以及宮廷管轄系統下的「教坊」「梨園」，並有一套完整的選拔流程。

如果各位出生在唐代，要成爲一名領取高薪的官方音樂家，就必須先到「大樂署」裡走一遭。大樂署的名字跟它的業務內容很不搭軋，因爲進去的人幾乎都面如土色，毫無「大樂」之感（好啦，那其實念「ㄩㄝˋ」），因爲大樂署是用來訓練考核的，相當於殘酷的演藝人員培訓班，考核內容極其豐富，從外貌到技藝，無一不細細審查。要是考試通過了，便可以順利進入下一關；如果落榜了，就會調離原配置、改學其他樂器，甚至除名。總而言之，不是大好，就是大壞，沒有在跟你搞那些重考之類的東西。

節慶時，唐玄宗經常從大樂署挑選三百人負責演奏，相當於一次隨堂抽考。數百人一起練習時，「聲有誤者，帝必覺」，也就是只要有人彈錯音，玄宗馬上會發現，還會拍桌叫他捲鋪蓋滾蛋，可見對人員專業水準要求之嚴格。

考過「大樂署」後，接下來有三種選擇，分別是負責禮儀的「鼓吹署」、負責培訓學生成爲表演者的「教坊」，以及希世奇才方能進入的「梨園」：

第一種是進入「鼓吹署」，顧名思義，這是負責鼓吹樂的單位。這個單位十分輕鬆，不用像其他部門一樣每天辛苦做事，只需要在一些特定節日的儀仗活動或宮廷儀式中演奏、製造莊嚴的氣氛就可以了。在這三者中，鼓吹署大概是保守者才會選擇的單位，因爲就像進入公家機關一樣，優渥的薪資讓他們三餐無憂，但缺點是社會地位擴張有限，也許一輩子就待在那裡無法動彈了，不像教坊、梨園那樣，有大紅大紫的機會。

第二種是「教坊」，這是管理教習音樂、領導教習人員的機構。簡單來說，地位就跟教育部一樣，是「老師的領導者」。進入教坊的學生並不限於世家貴族，有貧有富，個個才華橫溢。他們經過一段時間的學習後，就會進行考核，根據成績優劣進行分級，及格者便可領取牌照，成爲正式導師。

古代男女有別，稽核的內容也不同。男學生的考核重點在於雜技，而非樂器；當時最著名的是來自西域的裴承恩，他很會翻筋斗，能在空中連翻好幾個，還臉不紅氣不喘的。至於女學生考核的重點，不但要技藝高超，還要面貌出衆；符合以上兩點，才能從學生升級成爲「內人」（這指的可不是你老婆啊！），來到後宮內廷進行現場表演。沒辦法成爲「內人」的學生，就只能成爲「雜婦女」，在內人休息時串場演奏；套用現代的話，就是「龍套」，而她們也經常受到樂官們嘲笑和歧視。同爲教坊成員，還眞是幾家歡喜幾家愁。

第三種就是大家所熟知的「梨園」。梨園對中國戲曲界的影響可說舉足輕重，甚至成爲相關表演工作者的代稱。梨園是唐玄宗親自開設的藝術學校，並由他親自挑選最菁英的歌舞天才納入門下（就算你想毛遂自薦，人家也不會讓你進去）。梨園也是福利最好的單位，不但有政府全額補助，吃穿都不愁，且梨園聘請的老師，都是當代數一數二的大師，諸如李白、賀知章等文學大師也曾在梨園擔任教授。

梨園分成內廷梨園與外廷梨園，雖然都是培養樂舞人才的教育機構，但是就名字來看，內廷梨園的待遇應該比外廷好，事實上也的確如此。內廷梨園名義上的管轄者就是唐玄宗本人，而且他有時還真的會跑來親自執教。內廷梨園是當時唐朝最高等級的藝術單位，能進入這個單位，相當於考上維也納音樂學院、巴黎高等音樂學院一樣，足夠讓人驕傲一輩子。

後來，唐玄宗還在梨園法部（直屬於唐玄宗自己的樂團）設置了一個名叫「小部音聲」的單位，專門尋找十五歲以下的小小音樂家，讓他們能從小受到良好的教育薰陶，將來成為接棒唐代音樂藝術的棟梁。這種針對兒童及青少年進行的啓蒙性音樂教育嘗試，歷史上可是舉不出幾個類似的例子；就算以現代眼光來看，以官方贊助音樂教育的政策依然很先進。

《清平調》的誕生

即使唐玄宗到了晚年寵幸楊貴妃，依然喜歡音樂，甚至為此不惜紆尊降貴，配合平民出身的李白。曾有一次，唐玄宗聽膩宮內的老調，想找李白填點新詞，但李白卻彷彿憑空消失了一樣。唐玄宗囑咐太監到他家裡找，結果找呀找的，就是找不到；有人告訴太監，李白上街喝酒去了。太監們便又在長安街上尋找，最後才在一家酒店裡尋得。原來李白喝醉了酒，躺在那裡呼呼大睡。

由於時間已耽誤許久，太監二話不說，趕緊將李白抬到馬車上。送到宮中時，李白已沒剛才那麼醉了，猛抬頭一看，眼前竟然是皇帝本人！他想俯身行禮，身子卻不聽使喚，噗通一聲跌落在地。晚年的唐玄宗顯得較爲驕矜自傲，一般的官員要是敢在皇帝面前露出這般醜態，下場連想都不敢想；但面對風流倜儻的李白，唐玄宗並沒有責怪他，只是等他慢慢清醒後，再讓他把歌詞寫出來。太監們忙著在李白面前的桌上放好筆硯絹帛，只見他席地而坐，拿起筆旁若無人地揮舞起來，沒花多少時間，就寫好了三首樂府交給唐玄宗。

雲想衣裳花想容，春風拂檻露華濃……

唐玄宗反覆吟了幾遍，只覺得文詞秀麗、節奏鏗鏘，確是好詞，馬上叫樂工演唱起來，唐朝著名樂府《清平調》，就這麼在唐玄宗的耐心隱忍下誕生了。

藝術的偉大之處，在於海納百川，而非依循常規；擁有自己獨特個性的藝術家，往往是產生偉大作品的開端。在音樂方面，唐玄宗一律唯才是用，對於人才中的人才，更是百般疼愛。他明白，如果硬是要他們改變，或是要他們做自己不喜歡的事情，只會讓最初愛好藝術的幼苗被摧折殆盡。

當熱情與現實失去平衡

唐玄宗最後的結局，想必大家都很耳熟能詳。他因寄情於自己鍾愛的楊貴妃與樂團，安於現狀，縱情享樂，使畢生創建的大唐盛世毀於一旦。安史之亂爆發後不久，唐玄宗被逼退位，成為太上皇，千辛萬苦打造的梨園，也在連年的內戰中灰飛煙滅。

從此之後，大唐帝國一蹶不振，逐漸走向衰亡的道路。

拋開政治上的紛紛擾擾，唐玄宗無疑是一名偉大的藝術家。從某種程度來說，玄宗是唐代音樂的建構者和設計師：他對藝術的強烈愛好，為唐代的樂舞發展營造了良好的氛圍和廣闊的空間；由他親自設計的訓練機制則培養了大批音樂人才，使世人的生活再也不局限在吃喝拉撒，更多了對美的追求與肯定。藝術家紛紛透過自身努力，彰顯出內在靈魂的能量，不論是吹笛大師李謨、箜篌能手張野狐，或第一男伶雷海青等震驚當代的大藝術家，全在此時站上舞臺。

我們在回顧盛唐繁華之際，不難想到玄宗早年的勵精圖治，也不免嘆息他最後落了個虎頭蛇尾的下場。晚年的唐玄宗實在太傻了，他愛藝術，便想永永遠遠、無時無刻地愛著，卻沒想到藝術發展必須基於強盛的國力與明智的君王。如果沒有這些，想要發展藝術，根本難上加難。

可以說，唐玄宗親手把大唐帝國的藝術高度拉到史無前例的最巔峰，最後又重重地將它摔成碎片。山河破敗，伶人逃散，俯瞰著昔日繁華的長安城，垂暮之年的唐玄宗哭也不是，笑也不能，只能將五味雜陳的情感，化做一聲無奈的嘆息。

命運要我成為皇帝，但我選擇做一位詞人

憂鬱文青李煜的哀愁人生

李煜是南唐的亡國之君，而他的命運正如其心境般淒絕：國家的滅亡、妻妾的分離、人格的踐踏，不停在眼前發生。最終，他將胸中的悲憤一口氣傾洩而出，中國文學史上最感人的詩歌就此誕生。

所處時代：南唐建國～北宋初年。與南唐同時期建立的北方政權為後晉。

代表作：〈虞美人〉〈菩薩蠻〉

經歷：

一、人生早年整天吟詩作對，執政期間整天吟詩作對，亡國期間整天吟詩作對。

二、舉世聞名大情聖，使小周后死忠至極、不離不棄。

三、其中一隻眼睛有兩個瞳孔，密集恐懼症者切勿對視。

絕招：詩歌極為撩人，至今仍使諸多男女怦然心動。

國高中時期，國文老師常要學生背誦古代文學家的別名，比如王羲之是「書聖」、李白是「詩俠」「詩仙」、劉禹錫是「詩豪」之類的；其中有個人的別稱尤其引人注目——「詞帝」。當時的我一直在想，人們都說會打扮的女性是「時尚女王」，那麼「詞帝」應該是指最會寫詞的男性吧？

沒想到「詞帝」指的不是衆人認識的李杜，也不是聲名遠播的古文八大家，而是李煜。

李煜未盡然是最會寫詞的，但他確實値得「詞帝」的名號。爲什麼呢？因爲他的確是個皇帝！

李煜是南唐最後一位皇帝，雖然並不精通政事，卻是一位非常有名的詞家。歷朝歷代帝王中，會寫詩作詞的人很多——基本上，每個當皇帝的人，沒事都會吟個幾首以示品味。比如乾隆，一生寫了四萬三千首詩，榮登詩詞界產量排行榜第一名；草莽皇帝劉邦的那首〈大風歌〉可也傳唱了千年之久。然而李煜卻能狠狠甩開這些帝王好幾條街，站在詩歌界的最頂峰。

爲什麼「詞帝」不是別人，而是李煜？爲什麼只有李煜配得上「詞帝」的稱號？

原因很簡單，因爲他把一生所有全都獻給了詞。

誤打誤撞的皇位接班人

李煜一出生就有皇帝命，但他卻選擇當詩人。

李煜相貌不凡，根據史料描述，其中一隻眼睛有兩個瞳孔，而且還連在一起，在傳統相術中被認爲是帝王聖賢異相；也就是說，只要你長得這副模樣，若不是英雄，就是雄才大略的君王（據說項羽和王莽都有重瞳）。

由於李煜的相貌實在太特殊，才出生就引起許多臣子的推崇。但李煜一開始並沒有被當成皇位接班人，畢竟他並非嫡長子，而且爲了不得罪爲人猜忌嚴刻的兄長，同時也是興趣所致，年少的李煜索性將皇室責任一扔，整日寄情山水、吟詩作對，在文學的浩瀚大洋裡翻騰雲遊、翩翩起舞。他字號「鍾峰隱者」，更寫下〈漁夫．浪花有意千里雪〉：「一壺酒，一竿身，快活如儂有幾人？」表明自己願做一個毫無羈絆的隱士，無意於皇位。

不過，隨著李煜長大，奇怪的事情發生了：李煜雖然有四個哥哥，但他們都沒有活到當皇帝的時候：

・長兄李弘冀：在家看到先祖的鬼魂，驚嚇而死。
・二哥李弘茂：十九歲時突然罹病身亡。
・無名三哥：老爸李璟還沒來得及替他取名字就掛了。
・四哥李從慶：同樣英年早逝。

歷史總是不乏弔詭局面，繼承順位優於李煜的兄長們，在繼位前紛紛不幸早逝；一心嚮往隱士生活、喜愛文學的李煜，卻在命運的捉弄下，成為南唐的最後一位皇帝。

南唐最幸福的人

北宋建德二年（西元九六一年），李煜帶著美好的願景，開始了統治南唐的日子；那枝寫詞的筆，從此也開始批改奏章。在他執政的前十年，南唐還沒那麼弱小，大周后以及在她死後入宮的小周后，也都與李煜志趣相投，平常一起舞文弄墨，飲酒作樂，過著無憂無慮的日子。

在執政方面，李煜一直有個不切實際的夢想，他想建立一個具有藝術涵養的國度，人人都通曉詩書琴畫，人人都懂得詠懷感嘆。李煜認為，文化雖然不若武力強勢，卻能深入人心，只要將藝術之美傳播出去，中原各地分裂的政權總有一天會歸附於南唐。

為此，篤信佛教的李煜在國內建立起一座座高聳的佛寺，又在周遭設置一所所研究國學的書院，委託各地高僧與學士到當地教學，濃烈的文學氛圍遍及整個南唐，路上隨便一抓，都可說是精通書畫的大藝術家。

李煜提倡藝術，本人也不遑多讓，其作品寫盡了繁華和男歡女愛。若說宋徽宗的藝術品味有如一位穿著牛仔褲、帶著圓框眼鏡、手裡還抱著一本外國文學名著的文藝少女，那麼前期的李煜就像是在鎂光燈下大方擺出各種姿態，恣意展現自我的美豔女子。當時的李煜是整個南唐最幸福的人，任何自己想獲得的一切，全都唾手可得；而他的詞也一如他的身分，繁華亮麗、姹紫嫣紅，像鑽石般閃耀奪目。他的名作〈菩薩蠻〉所描述的，正是與小周后幽會的情景：

花明月暗籠輕霧，今宵好向郎邊去。剗襪步香階，手提金縷鞋。
畫堂南畔見，一向偎人顫。奴為出來難，教君恣意憐。

一個有著朦朧月色的晚上，小周后光著腳，輕輕走上臺階，在畫堂南邊和摯愛的郎君相見、訴說內心衷腸。這場景如此浪漫，是不是彷彿洋溢著一股粉紅色的幸福感呢？中國文學很有意思的地方在於，詩人往往不會直說自己愛得多濃、陷得多深，卻能讓人在品味詞句之際，感受詩人心中最眞實、最洶湧的情感。在李煜的前半生，這樣唯美的詞作可謂比比皆是。

逆襲の宋朝

在中國古代，政權的穩定通常與藝術水準呈反比。李煜當了十五年的皇帝，前十年享盡一切的繁華富貴，後五年則承受了無法推卻的政治代價。

當時北方出現了一個強大的勢力，一鼓作氣殲滅了北方各小國，也就是宋朝。

現在聽到宋朝，許多人心裡會不自覺浮現出一個孱弱的形象，但事實上，宋朝在建國初期可是有如人擋殺人、佛擋殺佛的天下第一武鬥天王。搞定北方之後，宋朝把目標指向南方的南唐——由藝術家主持朝政所帶來的弊端和積弱越來越明顯，儘管滿朝文武都有一流的藝術品味，卻也同時是飄忽不定的機會主義者；軍隊也因爲長久以來未動干戈，人心渙散有如散沙。李煜天眞地以爲自己能用藝術文化降服中原，卻沒有想到這是否適合做爲統治工具；更沒有料到，如果中原不想玩藝術，只顧拿著刀子跟你拚的時候該怎麼辦。

天下一統已是大勢所趨。宋軍揮兵南下，決定以武力征服南唐。李煜知道自己難以抵擋大軍，本想抱著一綑木柴在宮中殉國，但一想到城中百姓和那些他培育的藝術家們該如何是好時，便撒手放棄了。李煜是有血有肉的人，他捨不得丟下這些人不顧。

在和宋軍約定好不傷南唐人民後，李煜率領群臣素服出降。「最是倉皇辭廟日，教坊猶奏別離歌，垂淚對宮娥。」是一位亡國之君離開故國最後的寫照，表達他對舊地的眷戀和亡國之恨，李煜前半生的光輝繁華就此消失殆盡。

亡國之君的屈辱後半生

北宋開寶八年（西元九七五年），李煜來到了汴京。昔日的一國之主，一下子跌落成爲階下囚，不但失去了窮奢極欲的享受，也失去了自由。在這段期間，李煜常藉酒澆愁，喝得酩酊大醉，也常作詞以抒懷。每到夜深人靜之際，李煜往往跪在地上痛哭，祈求神明別再讓他繼續受苦。

然而命運卻彷彿故意要跟他作對似的。宋太祖趙匡胤駕崩後，接班人趙炅（宋太宗趙光義）繼位。趙炅是著名的好色之徒，色膽包天，在不經意看見小周后的美貌後，久久無法忘懷，於是隨便找了個理由召小周后入宮，過了好幾天才放她回去。至於她進宮到底做些什麼？李煜一直不敢想像，只是小周后每次回來後，都幾乎不說話，獨自一人鎖在屋裡悲傷地抽泣。

身為一個男人，無法保護自己所愛的事物，是天底下最悲憤的事。他已丟失了王朝，也丟失了自己的懷抱，命運竟還要奪走他僅剩的愛人。然而每當宋太宗召見小周后時，李煜卻連進宮找人都不敢，黑暗的陰雲籠罩在頭上，讓人越來越感到不祥。他總是蜷縮在角落、陷入重度憂鬱；吃不下飯，也鎮日不出房門，只知道喝酒。在這段無從依靠的日子裡，李煜將痛苦依託在創作上，比如這首〈感懷〉：

又見桐花發舊枝，一樓煙雨暮淒淒。憑闌惆悵人誰會，不覺潸然淚眼低。

層城無復見嬌姿，佳節纏哀不自持。空有當年舊煙月，芙蓉城上哭蛾眉。

在風格上，李煜的詞風與其他文學家不同，他的用字相對平淡，內心卻十分波濤洶湧。此詩寫到梧桐樹上的老枝不停被風雨吹打，而李煜的命運也一如心境的哀婉淒絕，面對無法平息的國仇家恨，只能用滿腔哀愁訴說人生的無奈。

身處異鄉的生日

在人生的最後兩年，李煜選擇坐在庭院中，看著梧桐花打發時間。李煜過去喜歡梧桐，是因爲它的花朵透亮飽滿，沁香若隱若現；後來喜歡梧桐，只因爲它的花朵會隨著風片片凋落，就像那些鏡花水月般的幸福往事雖可追憶，卻無法永遠留住。終於，降宋三年後的某個晚上，李煜的悲傷匯聚成一股洪流，帶著不顧一切的威勢爆發，讓他寫下千古絕唱〈虞美人〉：

春花秋月何時了？往事知多少。小樓昨夜又東風，故國不堪回首月明中。
雕闌玉砌應猶在，只是朱顏改。問君能有幾多愁？恰似一江春水向東流。

那天正好是李煜的四十二歲生日，屋內擺滿各式山珍海味，朋友還特地請來歌伎助興。前朝眾臣魚貫入場，爲李煜拜壽，連小周后也來了。他們穿著華麗、表情愉悅，舉杯共祝李煜生日快樂，一如仍在南唐一般。這勾起了李煜不堪回首的諸多往事，他回憶起以前在江南的時候，也曾像這樣，群臣祝賀，賜酒賜宴，歌舞歡飲。

舊事逐漸浮現，記憶逐漸清晰，李煜觸動愁腸，遂將胸中的悲憤一股腦傾洩出來，用這闋詞道出自己無限的心酸和一生的愁緒，中國文學史上最感人肺腑的詩歌也就此誕生。

李煜寫完之後，囑咐歌伎演唱；他當然知道這麼做的後果，但命運的傷痛已讓他下定決心。李煜自知死亡將近，只聽得聲聲催淚的曲調，反映著自己滿心的哀愁。外面的人聽見李煜房間的歌聲，立馬返回呈報，宋太宗得知後大怒，命令手下藉著祝壽之名，贈送一瓶「牽機鴆」毒酒，賜死李煜。

李煜當然知道那是什麼，但對他來說，這更是一種解脫；世道蒼茫，繁華不再，他早已厭倦。在酒精的作用下，毒性很快就發作了，李煜的四肢痛苦地抽搐顫抖，待眾人將他扶上床時，李煜早已氣息全無，痛苦而亡。小周后悲憤難禁，不久後也跟著自殺身亡，追隨李煜而去，一代絕世紅顏就這樣香消玉殞。

李煜雖然背負著亡國者的罵名，但他並非單純只是個昏君。他心懷國家、寬宏仁慈，也擁有自己的遠大夢想。廣施善，修廟宇，雖不納良諫，卻又能對死諫者的大膽作爲一笑置之，這種氣度在中國歷代皇帝中，確實少見。

李煜是一位詞人，他擁有理性、感性、豪放、含蓄等複雜情緒，這也間接影響了他的性格與政治命運，可說他其實是個集結了所有矛盾的綜合體。雖然李煜骨子裡貪戀奢華的生活、喜歡歌舞女色、鍾愛舞文弄墨，但絲毫不影響他是一位擁有夢想的帝王之事實。

所有人不禁感慨：李煜真的生錯了地方。但歷史就是這樣，如果沒有家仇國恨，沒有被賦予過多的期望，那麼即使他胸有文墨、學富五車，也絕對無法寫出這些令人深思的詞作，更無法被歷史銘記和受到後人喜愛。說得直白一點，是痛苦造就了李煜的文學地位。

李煜的一生就這樣結束了。因爲才華，他得以留名千古、爲後世所知，卻也因此而死。南唐只是一個小國，縱使想躲避戰火的侵擾，時代的洪流也會迫使它走向窮途末路。很多人覺得李煜負了天下，但他至少犧牲了自己的尊嚴，期待換取百姓的和平。

千百年來，李煜可說是最無奈的帝王，「剪不斷，理還亂，是離愁，別有一番滋味在心頭」，不知是悔是恨，欲說卻無從說，亦無人可說。這種情感，大概只能從他的詞作中才能體會一二。

被皇帝耽誤的藝術家

極品文青宋徽宗的極品生活

宋徽宗在歷史上承擔著亡國之名，但他在藝術方面的成就可是有目共睹。他的政治能力雖然零分，藝術能力卻是一百分，是中國歷史上響噹噹的極品文青。

所處時代：北宋末年～南宋初年。被俘九年後病逝，但又過了八年、《紹興和議》簽訂後才歸葬南宋。

代表作：瘦金體、汝瓷

經歷：

一、對藝術要求很嚴格，連石頭也要評分。

二、生育能力極強，一生育有六十六位子女，經常被拿來和乾隆相比。

絕招：把不合格的瓷器通通打碎。

許多人對中國歷史上某些朝代往往抱持著刻板印象，例如以為清末皇帝都是無能廢物、漢武帝擴大疆域所以是個好皇帝，或是認為面臨外敵入侵時，主和派的都是王八蛋……但比起接下來這一位，這些刻板印象都只能算是小case：他的名字是趙佶，在歷史的稱號則是「宋徽宗」。

許多人對宋徽宗印象很差，因為教科書上談到他的時候，多半只講三件事：

一、亡國代言人：跟兒子一起被金兵俘虜，北宋亡在他手中。

二、子女超多：他生性風流、性好美色，可說是最懂得「增產報國」的皇帝之一。在他五十四年的人生中，擁有六十六名子女，比康熙、乾隆厲害許多。

三、性欲旺盛：儘管有後宮粉黛三千人，仍滿足不了他的欲望，還喜歡在月黑風高的夜裡微服出宮，尋芳問柳。據說他還和一代名妓李師師有過一段情。

如果只看以上這三點，宋徽宗的確是不折不扣的爛皇帝，但歷史總是有多種面向，儘管他在政治上昏庸無能，但論到藝術，他可是歷代帝王中最富藝術氣質者，其影響所及，除了千年以後的中國，也包括受中國文化浸染甚深的日本和韓國。如果說，自詡藝術評鑑高手的乾隆，其藝術品味只有五十分，那麼宋徽宗就高達一萬分。他除了廣泛涉獵琴棋書畫、詩詞歌賦，書法方面的造詣更是他人難匹。他創造瘦金體，將「天骨遒美，逸趣靄然」的特色展現得淋漓盡致，又將繪畫列入科舉取仕，使藝術品味得以向下深耕；而最為後人津津樂道的，當屬花費大筆金錢研發、色彩樸實卻意韻雋永的汝瓷，使中國藝術走向「簡潔美」。

鋒芒畢露的瘦金體

童年學書法時，老師常說：「寫字的時候，筆鋒要記得收！書法講究的是不露鋒芒、低調內斂、韜光養晦！」由此可知，「鋒」與「芒」是古典美學的禁忌。書法要求「藏鋒」，正是因為受到儒學傳統影響，不鼓勵露出鋒芒，要求眾人含蓄內斂，曖曖含光；換言之，「鋒芒畢露」是目中無人的象徵，總有一天要遭天譴。當時的我以為，所謂的楷書、行書，就是書法藝術的精髓所在，殊不知真正厲害的高手，還能自行開創一派潮流。

宋徽宗的書法可說是北宋後期的代表，他打破藏鋒內斂的古老傳統，刻意保留運筆的痕跡，又融合了繪畫的筆法，賦予筆畫瘦勁挺秀、剛直颯爽等特點，最終開創出一套前無古人，後無來者，名滿天下的字體——瘦金體。

之所以稱爲「瘦金體」，可不是嘲笑敵國金朝的意思（沒禮貌，人家很強）。「瘦」指的是筆幅緊窄而清薄，且如柳樹飄逸；「金」則是指金屬，例如青銅或黃金。「金」與「瘦」的特性正好相反，一個厚實穩固，一個鋒芒畢露。先秦工藝曾流行「錯金」的裝飾技法，也就是在青銅器上預先刻上圖樣後，再將熔化的金銀倒入凹陷處，使色調暗沉的青銅變得閃亮華麗。把「瘦」和「金」相連，意即線條雖瘦勁飄逸，但無損其華麗貴氣，一如錯金之美。兩者看似截然不同，宋徽宗卻能融合得白璧無瑕，這便是其書法藝術的奧妙之處。

珍藏在臺北故宮博物院的宋徽宗《詩帖》寫著：

> 穠芳依翠萼，煥爛一庭中。零露霑如醉，殘霞照似融。
> 丹青難下筆，造化獨留功。舞蝶迷香徑，翩翩逐晚風。

每個字都像自帶聚光燈似的閃爍燦爛。宋徽宗改變筆畫線條，鋒芒畢露之餘，也極具個性，像我這種學非專精者，有時還會分不清楚什麼顏體、柳體、歐體，但宋徽宗的瘦金體卻能一眼識出，可見其辨識度之高。而這也堪稱徽宗的得意之作。

雨過天青雲破處

「品味」的定義看似十分模糊，就像我們可以說一位喜歡打領帶、穿三件式西裝的紳士「很有品味」；但如果換成一位穿著樸素T恤、喜愛在閒暇時間閱讀古詩詞的人，是否也能說他「有品味」呢？當然，這兩位都是富有品味的人士，因爲他們雖然看似沒有共通點，事實上卻有一項相同的特徵：懂得享受生活，且不依附於潮流。

宋徽宗也是這樣的人，而且他還開創了一套以簡約爲美的藝術潮流。唐朝藝術以奢華、繁複爲美，但宋徽宗偏偏不愛這味，他將所有調味料挑開，只留下最初的本色原味。而在他的簡約藝術中，最經典的當屬「汝瓷」。

宋代有五大名窯（汝、官、哥、鈞、定），其中又以汝窯所燒製的汝瓷最爲難得。時人有云：「縱有家財萬貫，不及汝瓷一片。」一語道出它的珍貴。事實上，汝瓷看起來尋常無奇，既沒有繁複的裝飾，也沒有豔麗的色彩，簡直就跟大賣場的廉價瓷器沒兩樣。但汝瓷之所以珍貴，原因在於它背後複雜的製造過程，以及「只可意會，難以言傳」的釉色。

臺北的故宮博物院收藏了二十一件汝瓷，不論是無紋水仙盆，或是蓮花式溫碗，它們的顏色都是所謂的「雨過天青」。宋徽宗透過一句話，把當時天空的顏色凝結在器物上，當今天的我們欣賞汝瓷時，仍能揣想千百年前那片雨後初晴的天空。

據說宋徽宗曾做過一個夢。某天，剛下完雨，宋徽宗打開大門，踏著水窪徐行。望向城牆外的天空時，他感到無比震撼：遠處的藍天裡，猖狂一時的烏雲，和雨後的碧藍色交會在一起，竟形成一抹神祕的天青色，格外令人著迷。醒來後，宋徽宗寫下「雨過天青雲破處」給工匠參考，要他們燒製出這種顏色，一時間不知難倒了多少人。先別說到底什麼顏色叫「雲破處」，釉藥對於溫度和濕度一向非常敏感，稍有不妥，便會影響到最終成品的顏色。據現代的考究，要燒出汝瓷的天青色，除了需要均勻加熱外，窯內溫度還必須持續維持在攝氏一千兩百度，溫度一旦偏高，顏色便會由淡藍轉青綠。更何況當時沒有溫度計，只能靠經驗和反覆試錯，可謂任務艱鉅。

窯工們苦心製造出的青瓷中，也只選得出幾件滿意的作品上繳，而宋徽宗面對已經嚴格篩選的汝瓷要求更嚴，顏色稍有不對，便被宋徽宗大手一揮砸個粉碎，最後能留在宮中的寥寥無幾。

說個題外話：宋徽宗對藝術的堅持不只反映於此。有一次，他召來名門畫家，要對方繪製孔雀。畫好時，全場驚豔萬分，只有宋徽宗頻頻搖頭。原來，畫家把左右腳的高低弄混了，從這裡也可了解徽宗觀察入微的一面。

如此嚴格篩選後，留下來的汝瓷自然有著凝脂般的質地，天青猶翠，冰裂如花，器形巧緻雅絕。現今留存的汝瓷僅有八十餘件（一說六十餘件），因開窯較晚、數量希少、作工繁複，使汝瓷成爲稀世珍寶。

或許有些人會好奇：「它很貴嗎？有多貴？」

二〇一七年，香港蘇富比曾舉行一場宋瓷拍賣會，其中一件出自汝窯的「天青釉洗」，最終以港幣二．六億元成交（加上佣金則近港幣三億元，約新臺幣一一．六億元），創下中國陶瓷器最高成交紀錄。難怪就算滿清皇帝蒐羅天下奇珍異寶，最寶貝的還是北宋末年那些吃喝拉撒的鍋碗瓢盆（再說個題外話，乾隆是個文物破壞狂，竟然在汝瓷上頭刻上甲乙丙丁等級，有些還分類錯誤）。

到博物館欣賞汝瓷的時候，可以看到它的邊緣泛著淡淡的紫色或玫瑰色，有人說裡頭加了瑪瑙，有人說加了鈷，也有人說加了其他礦物，只是千百年來，一直沒有任何定論。唯一可以確定的是，燒製汝瓷的技藝，已隨著汴京遭攻陷而失傳。

院無石不秀，室無石不雅

從魏晉南北朝開始，歷代的文人雅士幾乎都與「奇石」這種大自然的鬼斧神工之作有著不解之緣；而在賞石方面，宋徽宗更可算是前無古人、後無來者的藏石家。現在對於石頭品鑑的標準，基本上就是在他那個時期決定的。

宋徽宗以前的人們賞石，與現在有很大的差別。當時觀看石頭，形態只是其次而已，最主要還是要看它的顏色、大小、加工程度。西晉就曾流行過顏色鮮豔的紅珊瑚，耀眼奪目，彷彿在跟所有人說：「別看書了，看我！」唐代也曾流行質樸透亮的白玉，雖然沒有紅珊瑚那麼招搖，卻是把玉雕琢成各種精美可愛的形貌，以彰顯華麗的一面。

徽宗對這些流行十分感冒。身為一位極簡主義者，他不要亮得惹厭的大紅色，更不要人工加諸的雕刻，他要讓石頭保留最自然的模樣。

最自然的模樣？那不就是水邊隨處可見的鵝卵石嗎？難道宋徽宗收藏的是鵝卵石？不是的，在南方蘇杭一帶的太湖，有著長得奇形怪狀的石頭，稱之為「太湖石」。由於長年被水沖蝕而產生許多洞孔，再加上奇特的外觀與富有變化的造型，或是靈秀飄逸，或是凝重深沉，可說千姿百態，絕不可能有兩顆一模一樣的太湖石。

宋徽宗對太湖石喜歡得不得了，除了收集，還一一區分等級。最好的石頭，必須符合以下四大特徵：

一、瘦：輪廓要有曲線美，就像風姿綽約的女子，有著曼妙且自然的曲線。

二、漏：指的是穿孔的意思。一顆値得玩賞的太湖石，一定得有幾個洞眼。

三、皺：石體要層疊交錯、有溝有壑，就像皮膚一樣。

四、透：整體比例要求恰到好處，具協調性與合理性。

賞石需要下些額外的功夫，去了解石頭的個性、造型的象徵意涵，從中看出山水、望見精神，才能體會箇中奧妙。不同造型的太湖石，象徵著不同的情感，有的展現出溫暖的古樸氣息，有的則冷若冰霜，一副高高在上、不可一世的樣子。宋徽宗看著這些嶙峋美石，痴迷得無法自拔，特地買下一片廣大的「艮岳」花園，並動用大批船隻，把石頭運向京城，只爲了能每天欣賞太湖石的綺麗。直到現在，花園廢了，朝代滅了，此地依舊留存著大量遺石。

畫得好，也能捧宮中的飯碗

徽宗不僅創作了大量的書畫作品，也是北宋文化藝術發展的首要推行者。其中最值得稱道的，就是對翰林圖畫院的重視。話說，翰林圖畫院並非宋徽宗所設，早在北宋初年就有，卻是由宋徽宗將它帶入巔峰。

自設立以來，供職於圖畫院的畫師地位顯然比不上其他部門，就連官服也與其他同位階的官員不同，簡直就是二流冷門官。但輪到宋徽宗執政後，不僅提高了畫師的地位，還積極推廣藝術，將繪畫列入科舉取仕。他把很多心思放在畫院上，除了設計全套課程和教學方法，還包括招生與考試制度，簡直就是皇家藝術學院的東方版。

徽宗以優美的詩詞爲題來測試畫師，一方面促使他們重視並加強個人文學素養，一方面也有意提倡「詩書畫」合一，讓畫師們的境界提升至更高的層次。身爲北宋最高階的藝術學院，翰林圖畫院所培育的都是一等一的人才，例如繪製《清明上河圖》的張擇端和《千里江山圖》的王希孟，而兩幅作品也皆被後世選爲中國十大傳世名畫。

宋徽宗的藝術涵養之高，從他出給翰林圖畫院的考題就可以略知一二，像是「踏花歸去馬蹄香」「竹鎖橋邊賣酒家」或「嫩綠枝頭紅一點」。

要怎麼畫出「踏花歸去馬蹄香」呢？雖然可以理解「人騎著馬，在開滿花的樹林中踏上歸途」，但「香」這個字就很抽象，要用什麼方法來表現，才能讓觀者一看到畫，馬上就會聯想到清花香氣呢？這可難倒了大家。後來宋徽宗翻閱了無數卷軸，終於找到理想中的畫面：一匹駿馬緩步而行，幾隻蝴蝶或前或後地飛舞，追逐著馬蹄。馬蹄和蝴蝶巧妙地表現了前一刻的「踏花」，而蝴蝶的跟隨，又表現出花香，化無形為有形，意境唯美典雅，增添許多魅力和想像空間。

宋徽宗對畫院畫師的要求非常嚴格，既要求他們臨摹別人的作品以學習技巧，又要求獨樹一格；既要求畫師必須保留最初的創意想像，又要求深入觀察寫生。宋徽宗有事沒事就跑去翰林圖畫院親自督導、抽考畫師，誰膽敢在隨堂考中亂畫，畫師生涯必定就此戛然而止。能在這種每天提筆磨墨的另類魔鬼訓練中撐下去的畫師少之又少，但也因此誕生出了許多偉大畫家。前面提過的王希孟，進入畫院時年僅十八歲，但經過半年的魔鬼訓練，就創作出《千里江山圖》這幅傳世名作。另一方面，宋徽宗也對畫院十分慷慨，每隔一段時間，就會將自己視若珍寶的各式名畫送到畫院，供畫師臨摹。

屈辱的被擄生涯

在徽宗的經營下，宋朝迎來了前所未有的藝術成就；但反過來說，他對國政的輕視，也使北宋最終走向毀滅。

金人滅了北宋之後，宋徽宗的極品文青生活也因此產生一百八十度轉變，由天堂直奔地獄。金人把徽宗一家當成俘虜，用牛車運往金國。當時正值四月，北方仍很寒冷，但宋徽宗和皇后衣著都很單薄，晚上經常凍得睡不著覺。他們曾低聲下氣地向金兵討較保暖的衣服，金兵卻連一件也不肯給，宋徽宗只好蒐集一些木柴與茅草燒火取暖。

戰俘營的生活十分無聊，宋徽宗既無筆墨紙硯抒懷，也無先人字畫評賞。有一次，他與兒子欽宗遇到一位來自汴京的老人，回憶起往事，三人不禁抱頭痛哭；沒想到俘虜營的將領看到後，不但馬上趕走那位老人，還命令士兵打了父子二人各五十鞭。宋徽宗羞憤難當，當晚便將衣服剪成布條，準備懸梁自盡，恰好被欽宗看見，急忙將他從梁上抱下來。兩人情不自勝，相擁痛哭。

從那次用刑之後，金人對徽宗父子的態度越來越差，動不動就讓他們挨一頓好揍；到後來，宋徽宗甚至被折磨到頭髮脫落、耳聾眼花，已是欲哭無淚。在一次偶然的機會下，宋徽宗得到了金兵不用的筆墨紙硯，他藉機提筆抒情，寫下了〈燕山亭．北行見杏花〉，吐露當時的心境：

> 裁剪冰綃，輕疊數重，淡著胭脂勻注。新樣靚妝，豔溢香融，羞殺蕊珠宮女。易得凋零，更多少，無情風雨。愁苦。閒院落淒涼，幾番春暮。
>
> 憑寄離恨重重，者雙燕，何曾會人言語。天遙地遠，萬水千山，知他故宮何處。怎不思量，除夢裡，有時曾去。無據，和夢也新來不做。

宋徽宗懷念著昔日生活，奈何天遙地遠，還有萬水千山阻隔，就連做夢也難回，只得痛苦地徹夜難眠。被俘九年後，宋徽宗死在離家鄉有千里之遙的五國城。當欽宗發現父親逝世時，遺體早就凍得冰冷僵硬。金兵將宋徽宗的屍體架到一座石坑上焚燒，燒到半焦時，用水澆滅，再將屍體丟入水坑中，據說這樣就能用坑裡的水做燈油。一旁，悲痛欲絕的宋欽宗也想跳入坑中一死了之，卻被金兵死拖活拉住——不是爲了保全他的性命，更不是因爲什麼良心發現，而是如果有活人跳入坑中，坑裡的水就做不成燈油了。

眞的只是技能點錯了

宋代是中國歷代文化素養最頂尖的時期，當時的許多制度也達到了世界級的高峰；藝術的發展尤其鼎盛，無論是盛唐或後來的康雍乾盛世，都可說望塵莫及。在宋徽宗的改革下，畫院的畫師得以享有文官般的待遇，取仕途徑也不再只有傳統的經義論策，還多了更自由的藝術領域可選擇。

宋徽宗琴棋書畫無所不精，詩詞歌賦無所不通，富饒的北宋爲他的嗜好提供了肥沃的土壤，讓他得以在這片沃土上縱橫馳騁，激發心中的創作靈感。超凡脫俗的汝瓷、神奇秀美的太湖異石、瘦勁挺拔的瘦金體，以及培育頂尖人才的翰林圖畫院都應運而生。

以徽宗對書畫詩詞的感性及天分，若生在現代，應該早在求學階段，就能展現出藝文方面的才華。之後成爲相關領域的學者教授、藝術工作者，甚至是主管機關的首長，應該也不是問題……當然，這種看法難免有些不切實際，不過許多人也都曾感嘆：徽宗如果沒有當上皇帝，中國歷史可能會多一位偉大的藝術家，而少一位衆人唾棄的亡國昏君。元代史學家脫脫在編寫《宋史．徽宗紀》時，也忍不住擲筆嘆息：

宋徽宗諸事皆能，獨不能爲君耳！

或許正因爲如此，北宋雖然亡在徽宗手中，但我們眞的很難討厭他。古往今來，爲鍾愛事物奮鬥的理想家很多，但眞正貫徹始終的又有幾人？宋徽宗雖然不理朝政，但畢生爲藝術文化的奉獻精神，仍值得我們學習。

我可不是只會鬥蟋蟀啊！

全才文青明宣宗的藝術盛世

明宣宗雖然有些皇族特有的小癖好，但在理政上並不怠惰，也曾創造出輝煌一時的「仁宣之治」；而他的繪畫成就，和他的政治同樣出類拔萃，隨意點染，便精妙絕倫。

所處時代：明朝初期。繼永樂盛世後開創仁宣之治，而他在位期間也是鄭和最後一次下西洋。

代表作：「天下第一扇」《戲猿圖》

經歷：

一、嚮往宋朝的藝術文化，以恢復文化傳統爲人生目標。

二、明朝少數不昏庸的皇帝，可稱得上文武全才。

三、對蟋蟀有著難以言喻的情感。

絕招：有著極爲反差的凶狠長相，非常嚇人。

說起「藝術家皇帝」，大家最先想到的，無非是詞帝李後主和汝瓷之祖宋徽宗。他倆之所以聞名，其藝術造詣自然功不可沒，但他們在政治上的缺失，也是提高自己藝術聲量的原因之一。為什麼這樣說呢？從過去的史學觀點來看，衡量一位皇帝的功過標準不在詩書詞畫，而是文治武功的成就高低。李後主、宋徽宗之所以「有名」，正是因為他們在政治上少有重大作為，使得後世史學家會將重點放在他們的藝術成就，而非政治作為。

明宣宗朱瞻基正好相反，他有很高的藝術造詣，但政績更為耀眼，以致史學家在研究他時，自然著重在其政治作為，而忽略藝術成就。明宣宗統治期間，經濟穩定發展、文化蓬勃繁榮，就連清朝編纂的《明史．本紀第九宣宗》，也捨棄了醜化前朝的慣例，評價明宣宗「吏稱其職，政得其平，綱紀修明，倉廩充羨」。

明宣宗是歷史上少有的好皇帝之一，在明朝皇帝中也算另類。他雖然有些特有的小癖好，但理政並不怠惰，朝廷政治清明，軍隊英勇善戰，百姓安居樂業，創造了輝煌一時的「仁宣之治」。

除了人稱「明朝難得一見的好皇帝」，明宣宗的繪畫成就與他的政績同樣出類拔萃，無論高山流水，或是花草蟲鳥，都難不倒他，隨意點染，便精妙絕倫。時人甚至讚揚明宣宗的藝術造詣足以和宋徽宗一爭高下：

宣宗萬機之暇，遊藝於翰墨，點染寫生遂與宣和爭勝。

事實上，從更全面性的角度來看，明宣宗何只能與宋徽宗爭勝；身為明朝第五任皇帝，他還有許多強過宋徽宗的地方。可以說，凡是宋徽宗有的，他幾乎都有；但宋徽宗沒有的，他還是有！

重開藝術駕訓班

南宋亡後，蒙古入主中原，但蒙古人是在馬背上生活的民族，並不懂得漢人的藝術，於是將宋朝留下的翰林圖畫院等設施統統廢除；而建立明朝的朱元璋是貧民出身，根本沒有機會接觸藝術，自然也不覺得書畫院制度有多重要。中國的藝術發展就這麼停滯了數百年，直到明宣宗登基為止。說白了，明宣宗就是個「宋粉」，十分嚮往宋朝的藝術文化，不僅崇拜宋代的藝術作品，更喜歡仿而繪之。

明宣宗還以恢復北宋的翰林圖畫院爲目標，延攬許多當時名家入宮，形成後世所謂的「宣德畫院」。明朝初年，畫家大多只被視爲「畫工」，地位並不高。但明宣宗卻相當器重他們，不但賞賜金銀布匹，還賜給各級官職；就算畫師犯了錯，明宣宗也往往展現出寬宏的一面。例如畫壇上人稱「浙派之祖」的戴進，曾爲明宣宗畫過一幅《秋江獨釣圖》，裡頭有位穿著大紅色衣裳的人在釣魚。表面上看起來好像沒什麼，但是在明朝，大紅色是官員專屬的顏色，怎麼能讓區區釣翁穿上，一定是圖謀不軌！此畫一出，有心人士馬上大做文章，甚至上報朝廷，但明宣宗對此看得很開，只是要戴進回家避避風頭，連罰金都沒要。

在明宣宗親自推動下，明代畫院達到鼎盛，人才大幅度增長，浙派大師戴進、山水名手商喜、擅長花鳥的邊景昭，以及周文靖、謝環、李在……等等，都在此一時期獲得提拔，才得以躍上舞臺。

天下第一扇

明宣宗如此熱愛藝術，但他最知名的藝術作品，竟然是一把扇子。

大家可能會好奇：一把扇子也能稱爲最知名的藝術作品？這皇帝的內涵是否有哪裡怪怪的？確實，說起來只是一把扇子沒錯，但明宣宗的扇子卻有足夠的實力被後世譽爲「天下第一扇」。

這把扇子和一般不同，扇面上有明宣宗親自繪製的《松下讀書圖》。畫面裡有棵樹葉蒼翠、枝幹遒勁的古松，一位衣著隨意的文士盤腿坐在樹下乘涼，面前是一本攤開的書卷，一旁還有溪水潺潺流過，在幽靜中營造出一份愜意。

就歷代藝術來說，扇面藝術是個發展較晚的領域，畫家也多半認爲這是一門「發展有限的藝術」。意思是，扇子是用來搧風納涼的，繪畫只是點綴，畫得再好，藝術價值都比不上一般的山水花鳥人物畫，因此沒有人想鑽研扇面藝術；裝飾扇面時，也只大多以讀書、花葉爲題材，頂多再題個詩。明宣宗卻很不一樣，他立志將所有藝術都變成「主流」，當然不會放過提升扇面藝術的機會。在《松下讀書圖》中，文士面前雖然攤著一卷書，但他的目光並沒有落在紙面上，而是專心凝視著身旁緩緩流過的溪水。作品本身的意境和觀者欣賞作品時所產生的思考，可說是藝術的永恆追求，而這幅畫正好符合了這兩點。這人到底是在欣賞潤底的游魚，還是在推敲剛剛吟誦的詩句？抑或是在享受林間的徐徐清風？《松下讀書圖》的美，爲後世帶來無限遐思，也爲扇面藝術寫下了新的里程碑。

爲什麼要骨肉相殘？

明宣宗的叔叔——漢王朱高煦曾在靖難時爲老爹明成祖立下許多汗馬功勞，甚至兩度拯救過明成祖的性命。可惜朱高煦個性暴虐，還喜歡喝酒、調戲良家婦女，所以明成祖死前並沒有把位子傳給立下功勞的他，而是傳給肥胖懦弱的嫡長子朱高熾（明仁宗）。更令他不爽的是，仁宗在位不到一年便駕崩，但新的繼位人選竟然再度跳過他，直接交到宣宗手裡。朱高煦火冒三丈，意圖效法老爸，在自己的領地山東起兵反叛，上演第二次靖難。但由於朱高煦的軍隊人數太少，加上山東貧瘠偏遠，一下子就被打敗，自己也成了階下囚。

造反本來是要殺頭的，衆大臣也都勸宣宗殺了朱高煦，可是宣宗念在一絲親情，並沒有對他痛下殺手，只將他軟禁起來。幾年後，宣宗心血來潮，想探視這位遭軟禁的叔叔，看看他有沒有悔改之心。誰知道朱高煦死性不改，明宣宗去探望他時，才說了聲「皇叔」，朱高煦竟兩腿一伸，絆倒了宣宗，害宣宗差點跌了個狗吃屎。別以爲好人就注定要被人欺負！好人一翻臉，就連壞人也要退避三舍！宣宗怒火中燒，吩咐兵士用銅缸罩住朱高煦，接著在缸上放滿燒紅的炭，火熾銅熔，將他炮烙至死。

即使叔叔這麼不講情理，但隨著時間過去，明宣宗終究後悔殺他了。彼此原本就是團結緊密的一家人，爲什麼要爲了皇位落得撕破臉的下場呢？面對骨肉相殘，明宣宗感到十分痛心，遂將這些難以言表的天倫夢想放進繪畫中。一直以來，猿猴便是歷代畫家喜愛的題材，明宣宗也很愛猿猴，在繼承前朝名家的基礎上，宣宗的畫作更讓人感受到和樂融融的暖意。畫面裡，坐在石上的母猿滿懷愛憐地抱著幼猿；隔著一條小溪，位於右上角的公猿正攀在樹上，還摘了一串果子逗弄小猿。明宣宗生動地描繪了天倫之樂，如此和諧溫馨的構圖，也與明宣宗希望一家平安的期許頗爲呼應。

穿著黃袍的張飛

很難想像的是，這麼一位在書畫上頗有造詣的皇帝，長相卻跟「溫文儒雅」完全扯不上關係，而是一位不折不扣的彪形大漢。宣宗長得肉肉的，皮膚很黑，也留了一把大鬍子，身材魁梧壯碩，看上去簡直就像穿著黃袍的張飛。看著明宣宗的畫像，怎麼也沒辦法將他的臉龐和熱愛藝術的個性聯想在一起。

宣宗不只懂得治理朝政、擅長繪畫，在武功方面也頗有成就。當時北部邊境不斷受到蒙古流散部落的武裝騷擾，宣宗的個性雖然很溫厚，在外交上卻相當硬派，每年春秋之交都會親自率領衛隊前往邊疆防禦。他不像明武宗，喜歡以巡視邊疆爲名，行玩樂揮霍之實，而是很確實、很認眞地在巡視；邊疆發生戰事時，甚至還會親上前線指揮作戰。

被黑掉的皇帝

說到內政，明宣宗深知「水能載舟，亦能覆舟」的道理，很懂得體恤民情。有次明宣宗出外省察民情，路經農田時，看見路旁正在耕作的農民，於是下馬詢問農作物的生長情況。他興致盎然，還取來農民耕田的農具，親自犁地。但沒推幾下，便氣喘吁吁，上氣不接下氣的，於是回頭對身旁的大臣說：「我不過推了幾下犁，就有不勝勞累的感覺，何況是終年勞作的農民？」說完後，就命人賞賜農民錢鈔。

但不管宣宗再怎麼勤政愛民，畢竟還是個凡人，還是會有一些出於私欲的表現。比如根據史書記載，宣宗愛好「房中術」，也就是喜歡研究「男女在房內所做之事的方法與技巧」。他曾向太醫院的一位太醫索要這方面書籍，但太醫當面讓皇帝吃了個閉門羹：「我是專門看病的，前輩傳下來的都是醫書，沒有那種書。」宣宗只好失望歸去。沒想到過了幾天，宣宗竟怕太醫把這件事情說出去，於是命人偷偷將太醫關進牢裡，還關了很長一段時間才獲釋。事實上，如果宣宗不來這招、把事情鬧大，這件事說不定還不至於在史書上記上一筆，只能說宣宗是弄巧成拙。

此外，明宣宗還有一項小癖好，就是養蟋蟀。明朝中後期，民間形成了一股鬥促織（即蟋蟀）的風潮，「每賭勝負，輒數百金」，刺激得不能再刺激。宣宗也受此引響，囑咐各地採辦上等蟋蟀入京。地方官爲了取悅皇帝，變本加厲地要求下面的人使命必達，一度給百姓造成了很大的負擔，宣宗也因此被百姓戲稱爲「促織天子」。

熱衷蟋蟀可說是宣宗一生中爲數不多的缺點，而這則缺點也很顯然被放大解讀。的確，一聽到明宣宗，許多人都會直接聯想到蟋蟀，就連宣德年間流傳下來的瓷器裡，也有繪著蟋蟀圖案的珍品，可見他確實非常喜歡蟋蟀。但是否眞的痴迷到廢寢忘食，我想這一點是值得存疑的，否則怎麼可能創造仁宣之治？

據說抹黑明宣宗的人，是野史小說家呂毖，他在明末撰寫了《明朝小史》一書，裡面描寫因蟋蟀而鬧出人命的悲慘故事，雖說是沒有經過考證的野史，但人們總是特別容易相信這類八卦。而蒲松齡在《聊齋誌異・促織》裡，更是把這類為了上繳蟋蟀而害死人的橋段加工到無比虐心，這也讓明宣宗「蟋蟀皇帝」的帽子怎麼也拿不掉。

持平而論，明宣宗確實是個好皇帝，認眞理政、創造治世，也可說是整個明朝最禮賢下士的皇帝，君臣關係十分融洽。某天，明宣宗夜訪大學士楊士奇的家，楊士奇倉皇出迎：「皇上呀！只要在宮裡宣我一聲，我必然立刻趕到。陛下龍體何等尊貴，何須親臨寒舍呢？」宣宗聽完，平靜地回應：「朕沒想這些，只是想跟你說話，便來了。」

皇帝有話想與大臣說，其實只要把人召進宮就行了，但宣宗卻專程跑到人家家裡，而且還是三更半夜。如果彼此關係不佳，怎麼可能發生這種事？

然而，他對蟋蟀的愛好，卻在他人的加筆渲染下，成為留下負面評價的因素。

以詩明志，就算對象是蝗蟲

有精采的人生，才能有精采的作品。明宣宗一生過得豐衣足食，要什麼有什麼，自然無法寫出如李後主般的瑰麗詞句。他留下來的文學作品並不多，最著名的莫過於這首〈捕蝗詩〉。在此詩中，明宣示清楚表明身爲皇帝應有的志向，讀來意氣風發，輕快威武，很有領袖風範：

蝗蝨雖微物，爲患良不細。其生實蕃滋，殄滅端匪易。
方秋禾黍茂，芃芃各生遂。所忻歲將登，奄忽蝗已至。
害苗及根節，而況葉與穗。傷哉隴畝植，民命之所繫。
一旦盡於斯，何以卒年歲。上帝仁下民，詎非人所致。
修省弗敢怠，民患可坐視？去螟古有詩，捕蝗亦有使。
除患與養患，昔人論已備。拯民於水火，勗哉勿玩愒。

蝗災自古有之，且難以防範。中國以農立國，農作物一旦被蝗蟲吃了，人民一時之間根本無法找到替代糧食，往往引發大規模飢荒，古代才會因此視蝗災爲大敵。唐玄宗任內也曾爆發過蝗災，眼見百姓叫苦連天，讓唐玄宗對蝗蟲可說痛恨非常。有次，一隻不長眼的蝗蟲飛到唐玄宗身旁，他一把用力抓住蟲子，大喊：「爾食朕百姓五穀，如食朕之肺腑！」說完便把蟲塞進嘴裡。身旁的大臣慌了手腳，連忙勸皇上吐出來，但唐玄宗置之不理，硬是嚼了幾口吞掉。由此不但可以看出唐玄宗對蝗蟲痛恨的程度，也能看出蝗災對國家造成多慘重的災害，竟能讓唐玄宗不顧一切，也要把牠生吞活剝。

明宣宗在位期間，北京附近的農村也曾爆發嚴重蝗災。宣宗雖在早朝時下旨派官員主導捕蝗一事，但退朝後仍不放心，在內室來回踱步；為了抒發焦躁的情緒，於是賦〈捕蝗詩〉一首，交給群臣傳閱，這也就是我們剛剛看到的詩作。

唐玄宗早年有著霸氣外露的個性，因此遇到蝗災時，採用了很直接且暴力的舉動來表達自己的意志；明宣宗的個性溫厚儒雅，一向恪守規矩，也不會有什麼太踰矩的行為，因此選擇詩詞來抒發自己內心的憂鬱。

面對同樣的天然災害，兩位皇帝卻有不同的舉止，兩相對照之下，格外有趣。

明朝難得一見的亮點

宣宗是明朝史上表現較傑出，也較有名氣的一位皇帝，但正因如此，才更讓人感到惋惜。明宣宗在位期間，可說是太平治世，而宣宗本人也十分識大體、明事理，且為人風趣和善。可惜天妒英才，宣宗的外表雖然看似健壯，但他早就不是當初那位親上前線、慷慨豪放的熱血皇帝了。執政的壓力不斷傷害他的身體，三十八歲那年，宣宗就因為過度操勞而病倒，並在短短不到一個月內不治身亡。

明宣宗英年早逝，在位僅僅十載，死時正值壯年。嗚呼！天不假年，宣宗若能多活三十年，或許將徹底改寫明朝的命運。

儘管明宣宗的一生短暫如曇花一現，但他在政治和文化上都締造了偉大的成就。其藝術造詣雖無法與宋徽宗媲美，文學天賦亦無法與李後主相匹，卻擔任了至關重要的「傳承」樞紐，確保了象徵藝術品味最巔峰的宋代藝術，能在連年戰亂和政治力破壞下再度復興，甚至在某些方面（如扇面藝術）超越了宋代的藝術成就。就這點來看，明宣宗確實堪稱一代文青。

這詩寫得太好了，把我的印章拿來！

蓋章文青乾隆的文物破壞日誌

乾隆可說是中國歷代藝術品味最令人不敢恭維的皇帝，不但喜歡亂蓋章、亂題字，甚至還拿刀子將自己的破詩刻在千百年前的古董上。可說凡是他經手過的文物，幾乎都難逃脫被破壞的命運……

所處時代：清朝中期。在位期間雖奠定了現代中國的版圖，但也是清朝盛極趨衰的起點。

代表作：〈詠花〉〈黃瓜〉

經歷：

一、古往今來留存詩作最多的皇帝，一生共作四萬三千餘首。

二、古往今來留存印章最多的皇帝，擁有一千多顆，樣式個個不同。

三、古往今來藝術品味最怪的皇帝，其藝術作品大多令人不忍卒睹。

絕招：將大紅色印章蓋在你辛苦製作的書畫上。

文學與史學是共通性很高的兩門學問。要了解某一段時期的歷史，可以從當時的文學發展得知；要體會文學作品的內涵與意義，就必須從歷史了解當時的社會背景。兩者相輔相成，稱得上是緊密的一家人，但彼此並不一定總是這麼和樂融融。例如在解讀乾隆一生評價時，史學和文學的觀點往往有不少分歧，因為史學往往看重事件及其承續與影響，文學則較重視作品本身的價值和時代意義。

從史學觀點來看，乾隆一生勵精圖治，東平臺灣、西討蠻疆，確能稱得上是古今中外少見的十全老人；但從文學觀點來看，乾隆大興文字獄，文化與思想的箝制也連帶影響了文學發展；更別說他對古文物的破壞，簡直到了令人髮指的地步。

從古文物保護的觀點來看，乾隆的缺失確實不少，而他也並未繼承雍正在藝術方面的開放態度，不過他所創造的「獨特」藝術風格，仍然值得一探。

寫得多的就贏了

乾隆繼位時，正是清朝國力鼎盛之際，多虧爺爺康熙和爸爸雍正的細心理政，國庫裡的銀子可以說多到用不完，想做什麼就做什麼。剛登上皇位的乾隆，簡直就像遊戲新手三秒抽中課金大禮包一樣，瞬間成爲全亞洲伺服器最強大的男人。

或許也因爲出生在這個強大的時代，相較於認真打拚的康熙、超級工作狂雍正，乾隆的性格裡多了點好大喜功，什麼都要夠盛大、夠威武；光是吃頓飯就要花費數百兩銀，還下了六次江南，他的表現完全就像超級富N代一樣：錢？伸手拿就有了，哪需要什麼理財概念？

人類一旦衣食無缺，往往會進一步追求精神上的滿足，乾隆也不例外；一逕揮霍，還是會覺得疲乏。各位可知道中國留存詩作最多的人是誰嗎？剛好就是乾隆本人，他一生共寫下四萬三千多首詩。要知道，唐詩是詩歌發展的巔峰，《全唐詩》共收錄兩千多位詩人、四萬八千多首詩；乾隆僅以一人之身，作品數量幾乎就能與《全唐詩》相匹，不可謂不勤奮。

乾隆自視爲「千古第一全人」，意思是「老子什麼都會，什麼都強」。他一直希望自己能成爲名詩人，但事實卻與期望大相逕庭。與乾隆的作品數量相比，唐代的詩作不算多，但每一首都是傳世經典；乾隆雖然多產，但眞正具有文學價值、能流傳後世的卻屈指可數。詩作的好壞取決於文采、詩興等質感面，而不是數量，乾隆卻想以量取勝，以爲自己寫得多就贏了。

乾隆稱得上是「傳世佳作」的詩總共有兩首，一首是〈詠花〉，一首是〈詠城牆〉。但之所以有名，既不在於乾隆遭遇了什麼人生困境，也不是內容頗有詩意，而是因爲「實在太廢了」！例如〈詠城牆〉：

遠看城牆齒鋸鋸，近看城牆鋸鋸齒。若把城牆倒過來，上邊不鋸下面鋸。

夠奇葩了吧？另外一首〈詠花〉則是乾隆流傳最廣的作品。某年冬天，大雪，乾隆拉了一大批閒人去西湖賞雪。見到西湖白雪紛飛，乾隆一時詩興大發，張口便吟：「一朵兩朵三四朵，五朵六朵七八朵。九朵十朵十一朵……」

乾隆卡住了。就在現場一片死寂、冷場到不行的時候，在一旁的著名學者沈德潛趕緊接上：「皇上的詩眞是太好了，請讓微臣狗尾續貂——飛入梅花都不見。」

其實，這兩首詩並不見於乾隆的《樂善堂全集》與《御制詩集》，很可能是後世杜撰的虛構笑話。撇開偏見，乾隆寫的詩雖以廢文占大多數，但基本的文學素養還是有的，就像他吃黃瓜時所寫出的〈黃瓜〉：

菜盤佳品最燕京，二月嘗新豈定評。壓架綴籬偏有致，田家風景繪眞情。

這首詩輕快樸實，讀起來也很順口。

乾隆將寫詩當成每日任務，每天都得寫一首。身爲皇帝，所寫的詩歌不須太多，只要能眞情流露，哪怕只有一首，也能讓後世傳頌。出身市井無賴的劉邦，只寫過一首〈大風歌〉，卻能流傳千古；唐末民變首領黃巢也只寫過一首〈不第後賦菊〉，但那句犀利的「滿城盡帶黃金甲」，至今仍爲人琅琅上口。

蓋一次不夠，你有沒有蓋第二次？

就文學創作來看，乾隆頂多就是寫不出什麼傳世之詩罷了，只要有心，人人都可以寫詩；問題是，不懂就不要裝懂。乾隆最讓後世文史研究者恨得牙癢癢的，是於對待古文物的方式實在太胡來啦！

乾隆自詡風流，熱愛收藏書畫。收藏書畫當然不是壞事，但乾隆卻認爲「這些書畫都是我的，我愛怎樣就怎樣」，時常對著它們就是一陣胡亂塗鴉，凡是他喜歡的，不管多珍貴、多有文史或藝術價值，統統都蓋上他的紅色大印章，無一倖免。

據《乾隆寶藪》記載，乾隆有一千多枚印章，形狀各異其趣，印面漢滿蒙文皆有，稱號則有正名、小名、皇帝、某某子孫等等。藝術品就像是乾隆的試印紙一樣，蓋一次不夠，非得把畫面蓋得滿滿滿才行。

爲什麼乾隆會不斷對書畫「伸出魔爪」呢?事實上，這種蓋印的做法稱爲「落款」，跟古代欣賞書畫的方式有關。以前的人若覺得一件書畫作品很漂亮，會在作品的末端留下自己的提拔（大致上來說，就是「讀後感想」），再蓋上自己的印章（跟「按讚」有八成七像）。不過爲了不破壞畫面原有的美感，所以鑑賞者很少題字；即便有，也只是簡單的幾個小字。印章就更講究了，可不是隨便的路人甲都能蓋，必須是當朝較知名的人物；蓋章的位置也要仔細考慮，以烘托書畫作品的美感爲主，千萬不能搶走鋒頭。

中國書畫一向講究留白，追求的是「言外之意，弦外之音」，如果太急切地表達讚許，畫面的美感反而會被鈐印和文字破壞。前面提到的宋徽宗爲了防止文字和印章破壞圖畫美感，發明了「宣和裱」，大幅提升了裝裱的水準，在書畫作品上下或兩旁加上名爲「隔水」的紙張，並規定題簽和鈐印的位置，讓大家品評、蓋章時不至於破壞畫面。

不過，相較於重視整體美感的宋徽宗，威武霸氣的乾隆才不管這些。凡天下皆爲自己所有，區區文物算什麼東西？全是我的陪襯品！

文物破壞狂

乾隆幾乎把中國當時所有具價值性的古文物全部蒐集到手，但原本清雅的作品受到他那些印璽的干擾，變得難以欣賞，也感受不到審美的愉悅，反而死氣沉沉的。以前我曾購買過蘇軾《寒食帖》的複製品，內容固然令人動容，但一旁鮮明的大紅色印章，卻多少擾亂了文字本身企圖傳達的情緒。

不過《寒食帖》只能算是「小兒科」，在乾隆蒐集的各項文物中還不是最慘的，王羲之才是苦主中的苦主。在乾隆的收藏中，有三件被他視爲希世珍寶，而這「三希」之首，便是王羲之的《快雪時晴帖》。因爲他太喜歡了，在位數十年間留下很多提拔和鈐印，甚至命臣子於其上題字、作畫，多達七十多處。卷首就是乾隆的題詩，一題就是五首；寫完還不滿足，在畫面上方寫了個大大的「神」字。在他心裡，沒有比《快雪時晴帖》更神的書畫作品。

平心而論，乾隆本人的字相當有味道，特別是行書，落落大方、霸氣十足，但他的個性實在過於張狂，就像一頭永不飽足的獅子，拚了命想宣示自己的所有權，在古今文物上題字留名；凡是自己喜歡的，統統不放過。

黃公望的《富春山居圖》為中國十大傳世名畫之一，人稱做「山水畫第一神品」「畫中之蘭亭」，想當然耳，自詡藝術評鑑高手的乾隆才不會忘記它呢。說起《富春山居圖》，其實是一幅歷經劫難的作品。曾有一位富豪，因為太喜歡這幅作品，在自己病死前動了要它陪葬的念頭，竟將它丟進火爐，好在一旁的人眼明手快，迅速把畫卷搶救出來；救是救到了，但整幅畫卻因此一分為二。

儘管成了殘卷，但由於《富春山居圖》的名聲太過響亮，後世的仿作也不少。乾隆為了找尋此圖花費許多心力，最後終於蒐集到兩幅貌似真跡的《富春山居圖》；沒想到，到了關鍵時刻，乾隆竟把真的視為假的，而把假的視為真的。把真跡放進倉庫裡冷落，卻對贗品愛不釋手，將它歸為上等品，連六次下江南也帶在身邊；並在上面一再留下題字鈐印，共多達五十五處，密密麻麻地滿布於山巔樹梢，把畫卷弄得滿目瘡痍，體無完膚。後來實在無從下筆了，才戀戀不捨地在畫末題上「以後展玩亦不復題識矣」。

寫到此處，不禁讓人感嘆，好在乾隆皇帝的藝術素養不高，不然真國寶可就要被乾隆的印章蓋滿啦。

乾隆對古文物的破壞不只於此，他還曾在數千年前的器物上暴力地刻上自己的文句。比如他收藏了一件周代的圭。圭是什麼呢？它是古代諸侯在舉行重要儀式時所持的一種玉器，呈長條形，上尖下方。乾隆不懂還想裝懂，以為是裁縫量布的小尺，為了宣示自己的「鑑定」結果，便以題詩的形式，把自己未經證實的想法粗暴地刻了上去：

周尺還贏一尺餘，對之疑對鞠躬，如辟邪那有邪堪辟，閱古因之緬古初。　乾隆戊子新春御題

就連宋代的汝瓷也難逃魔掌。在他蒐羅到的汝瓷中，只要有地方能刻寫落款，全都不放過。又因為乾隆性喜繁複華麗，自然無法體會汝瓷好在哪裡，題詩自然也題得非常隨意，比如他竟在粉青盤上題了一句「盤子徑五寸，如規口面圓」。只要丈量，任誰都知道這盤子「徑五寸」；只要有眼睛，誰都知道「口面圓」。題句毫無文藝氣息不說，看起來簡直就跟一時興起的塗鴉一樣。宋徽宗當初監督陶瓷製程時，絕對想不到自己耗費心血製作的天青色瓷器，竟會遭遇如此噩運。

從客觀的角度來說，直到乾隆時期，才透過國家的力量發起大規模的收藏與整理工作，讓古代書畫作品獲得了妥善的保存，但也因此遭遇了空前的劫難。

恐怖喔～恐怖到了極點喔～

其實在乾隆前，清朝的皇帝對藝術的態度是很「安分守己」的，像是他爸爸雍正和爺爺康熙，都以依循古人規矩為主，不敢太前衛、太超過。然而中國發展了數千年的美學標準，到了乾隆時期卻像是「砍掉重練」。

乾隆和雍正的美學觀可說是完全對立：乾隆就像五彩富貴花瓶，雍正則像清雅的水墨畫作。如果把雍正的美學觀比喻為外紅內白、色彩線條都乾淨俐落的茶盞，那麼乾隆就是在紅色杯身上再描畫鮮黃色的菊花、豔綠色花梗和數片花瓣，無論空間或色彩的分配都亂無章法的恐怖美學。

雍正的審美品味簡約高雅，乾隆卻偏好繁複華麗。而在乾隆的種種藝術「創作」中，又以「瓷母」最具代表性。某一日，乾隆在欣賞景德鎮上貢的瓷器時，心中忽有一股厭惡直上、腦門。他覺得這些瓷器都太簡樸了，無法表達出大清王朝的絢麗。他突發奇想：有沒有辦法製造一只集合從宋代到清代所有最具代表性的釉彩，和最具複雜工藝技巧的瓷器呢？

乾隆果然是十全老人，弄什麼東西都要十全十美。僅因這個突如其來的念頭，他要求景德鎮的所有陶瓷工匠，燒製一只結合各類型釉彩的超大型瓷瓶。整只瓷瓶須分成許多不同部分，各得使用不同的釉色，不論釉上彩、釉下彩或鬥彩全都要有……總而言之，能多複雜就要多複雜。就乾隆自己所說，他希望把這只瓷瓶稱爲「瓷母」，也就是所有瓷器的本源，是最繁複、最工程浩大、最無敵厲害的集大成作品。

乾隆的要求實在頗爲刁難。一般來說，一件陶瓷作品很少使用三種顏色以上的釉，除了顏色太多，看起來容易讓人眼花撩亂，最主要的原因，在於溫度很難控制。每種釉藥都有其獨特的燒製溫度，稍微不小心，整件作品就搞砸了，更何況乾隆還規定，瓷母必須具備十二幅裝飾圖（稱爲「開光」）和十七種釉彩，困難程度遠超乎想像。

在完全不計成本地耗費民脂民膏下，瓷母終於在多次嘗試後順利燒製成功；不過當這只色彩斑斕的瓷瓶運來紫禁城後，大家幾乎都看傻眼了。滿朝文武原本天真地以爲，把這麼多種顏色集合於一件器物，必定能收青花的唯美、冬青釉的沉靜和琺瑯的斑斕於一身；可惜的是，事實卻完全相反，看不見十七種釉彩各自的優點，也不知道這件器物的主題和要強調的特色，徒然展現出毫無美感、一逕花花綠綠的恐怖美學。

正當滿朝文武沉默之際，乾隆卻神情愉快地走上前去。審美觀獨特的他，並沒有對這只瓷瓶產生多大反感。他細細端詳著瓷母，囑咐衆人將它安置在文華殿的顯眼位置，以便讓滿朝文武都能看見那眼花撩亂的裝飾。

只是用錯方法

不論何種藝術，一件作品最重要的是個性和寓意，及其意欲傳達的趣旨，如果僅是爲了彰顯華麗奢侈，就不配稱爲藝術品了。乾隆製作瓷母的用意是爲了炫耀大清帝國的強盛，就這點來看，他確實成功了，因爲直到現在，再也沒有人能製出如此繁複的瓷器。但是在日漸崇尚簡約的今天，當我們在博物館欣賞這件作品時，也許有更多人會抱著驚訝甚至戲謔的心態——不是讚嘆景德鎭的匠人多有耐性，而是不敢想像一位皇帝竟有如此審美觀。

從不同的角度去解讀乾隆，就會發現他其實是一位非常矛盾的皇帝。喜歡王羲之的作品，卻用「神」來之筆，破壞了整件作品的意境；喜歡賦詩感懷，卻寫得索然無味；喜歡歷朝歷代的陶瓷藝術，卻想把它們強硬地融合在一起，結果誕生了空有技術難度，卻沒有藝術高度的美學大怪物瓷母。

儘管乾隆對藝術具有極高的熱情，但他似乎總是用錯誤的方法來表達，只是一味追求炫耀；而藝術也似乎並沒有讓他獲得自己想要的回報：國民政府撤退來臺前，把故宮裡最有價值的文物全部搬走，卻留下了乾隆用盡心思製作的瓷母，讓它孤零零地佇立在偌大的北京故宮博物院一角。

話雖如此，乾隆對清朝的藝術發展還是做了幾件好事。在他執政期間，各項工藝技術都因他極其刁鑽的美學態度而到達時代巔峰：首先是景德鎮瓷器生產制度的完善，再來是雕花漆器的普及化，乃至後來郎世寧繪製的《大閱圖》，這些藝術成就，無一不是乾隆致力推動所獲得的。

乾隆皇帝確實愛玩、會玩，對待藝術也無比熱衷。即使他的美學觀念一場糊塗，即使他的紅色大印章多到令人生厭，但在「文物破壞狂」的罵名背後，他對藝術始終熱愛，並傾盡國家之力予以提升的雄心，仍然值得敬佩。

PART 4
還有非典型文青

不識《聖經》，也能自稱基督徒

僞文青洪秀全的馴妻詩

洪秀全是個不合格的書生，毫無文采可言，但他總認爲自己詩味十足，喜歡在無聊時賦詩幾首。沒想到這些作品倒成爲他死後無法銷毀的黑歷史。

所處時代：清朝中後期，嘉慶～咸豐年間。他所揭竿的太平天國起義是中國歷史上規模最大、傷亡人數最多的戰爭。

代表作：〈天父詩〉

經歷：

一、曾在發高燒昏迷不醒時以爲自己受到天父接見，還獲賜一把寶劍。

二、標準的夜貓子，喜歡在半夜跟女人做些開心的事。

三、留下來的作品中裡，有近五百九十首都在恐嚇、教訓宮中后妃。

絕招：拔起地上的草往嘴塞，結果因急性腸胃炎不治身亡。

打從出生以來，洪秀全就自視爲多愁善感的文人。但所謂東施效顰，雖然他文筆不佳，才華和其他人相比更是天差地遠，卻與大多數文人一樣喜歡寫詩。事實上，他寫的東西根本不能叫詩，就連打油詩也算不上，最多只能算順口溜。譬如洪秀全曾在獲得榮華富貴後，寫下一首威脅嬪妃的打油詩：「醒一樣睡又一樣，一時一樣假心腸。假心腸定賞假福，賤人那得永榮光。」儘管詩味不足，洪秀全卻認爲這首詩足以媲美李杜。

腦袋發昏夢見上帝

嘉慶十九年（西元一八一四年）一月一日，廣東縣某戶耕讀世家傳來哇哇哭聲，洪火秀誕生了。洪火秀有兩個哥哥，他雖是三兄弟中唯一讀書求功名的，卻是資質最駑鈍的。幼年時讀過九年私塾，略懂四書五經和一些古籍。村中父老看好洪火秀可考取功名、光宗耀祖，可惜老天爺不給臉，自十四歲考取童生後，洪火秀的應試生涯便彷彿卡住的車輪，無論再怎麼挑燈夜戰，再怎麼懸梁刺骨，後來的數次貢試中，洪火秀都只有屢屢落榜的分。

道光十六年（西元一八三六年），三度落榜的洪火秀終於透過了家鄉花縣的縣試，此時已二十二歲的他，欣喜若狂地來到廣州參加府試。當他在這座經濟大城裡到處遊蕩、見世面時，洪火秀遇見一個洋人帶著一位廣州翻譯到處傳教，見人就發書——那是中國首位傳教士梁發摘錄《聖經》故事編寫而成的傳教小書《勸世良言》；說得白話點，就是類似「第一次懂基督教就上手」，或是「給時間少的人看的基督教簡史」。洪火秀終其一生未曾讀過除《勸世良言》外的傳教書籍，更別提完整的《聖經》了。

洪火秀只曾在拿到書的當下，因好奇心作祟，大略翻過部分內容而已，隨後就把書給丟了，專心用功準備科舉，不過……他落第了。幾年後，洪火秀再度通過縣試，重遊舊地，參加府試，結果……他再度落第了！

洪火秀覺得自己眞是丟盡了臉：這已經是他不知第幾次落榜。當他回到家鄉時，鄉親們側目閒語，指著他說三道四，情緒低落的洪火秀整天以淚洗面，還生了一場重病。在精神恍惚中，他夢到一位背著寶劍、身穿黑袍的白髮老人，自稱「爺火華」（也就是「耶和華」，梁發當時譯爲「爺火華」，後來爲了讓人覺得好親近點，改譯爲耶和華）。那位老人對他說：「你是我兒子，這把劍給你，我命令你在人間斬妖除魔！」從夢中驚醒後，洪火秀「領悟」到夢裡的「爺火華」其實就是《勸世良言》中所說的上帝，並因此自認已深明基督教，接著便提筆寫下：

老拙無能望後生，誰知今日不相關。經綸滿腹由人用，非聽讒言違叔命。只尊上帝誡條行，天堂地獄嚴分路，何敢糊塗過此生。

老實說，就連非教徒都知道，洪火秀的夢境完全不符合基督教的教義。在他的夢中，上帝竟然有具體形象，還有配偶（也就是他的「天媽」），耶穌則是他的哥哥。上帝不是把自己的獨生子耶穌奉獻給世界嗎？這哪裡又跑出來一個兒子呢？可想而知，從未接觸過《聖經》，也未認眞讀過《勸世良言》的洪火秀，全憑穿鑿附會，犯下了這等低級錯誤。

洪火秀在病榻上成天喊著要斬妖；病好了更是誇張，爲了避「爺火華」的諱，洪火秀寧可背負「不肖子」的罵名，將「火」字去掉，改名「洪秀全」。事實上，這個名字別出心裁，將字拆開來看，便是「禾乃人王」，有「我是全人類統治者」之意。從此，洪秀全便開始了他的傳教生涯。

傳教過程中，洪秀全拉攏到的鄉民全是文盲、流氓、法盲。他們原本只是散居在各地，還不至於對社會造成多大危害，但洪秀全卻將這些力量集結在一塊，變成一股強大的社會亂源。這下子地方鄉紳可怒了，給他們戴上不祭孔祭祖、私自結黨集會的帽子，處處打壓，洪秀全只好帶著他的忠實信徒馮雲山等人來到廣西、雲南地區傳教，並成立「拜上帝會」。鄉下人老實，容易被騙，洪秀全就這樣靠著招募流民、流氓，成功獲得了許多跟隨者。幫會頭子蕭朝貴、貧困窯工楊秀清、富家書生韋昌輝、武舉人石達開等人紛紛入教，這可說是洪秀全最有成就的一段時期。

道光二十八年（西元一八四八年），洪秀全的教會已有超過一萬名信徒，他開始琢磨著該怎麼舉事起義，結果馬上就被廣西鄉紳舉報。馮雲山因此被抓走，而洪秀全跑去營救他後，卻不知去向。教會衆人很著急，深怕遭到查緝，自己也得被迫蹚渾水，便準備散夥。但在此時，楊秀清突然開始全身亂抖、口吐白沫，衆人都圍著他看，不敢靠近。沒多久，楊秀清又忽然起身，神情和氣場完全就像換了個人似的。他大吼一聲：「我乃上帝下凡！」信徒們瞬間跪成一片——原來楊秀清剛剛起乩了?!

楊秀清繼續道：「衆人別散，馮雲山和洪秀全兩人都沒事，過兩天就回來了。」說完，「啪噠」一聲又昏倒了，再醒來時，又是平常的楊秀清。旁人問他：「上帝剛剛附你身欸，你知不知道？」楊秀清裝模作樣地說：「真的假的？我不知道啊。真是太好了，我是天父的代表，代天父傳言！」幸運的是，馮雲山和洪秀全果然沒幾天就被官府放了，一是官府根本不知他們要造反，還以爲是尋常的土客之爭（廣西的本地人和客家人文化不同，經常發生爭執告官，官府也往往不甚放在心上）；二是洪秀全教會財力還算雄厚，賄賂一下就沒事了。

事後衆人對洪秀全說：「先前上帝降駕，附在楊秀清身上。」這倒是讓洪秀全心裡陷入兩難：假如揭穿楊秀清的起乩事件是假的，等於證明自己受天父之命也是假的；如果不揭穿，不就間接表明楊秀清是他爸爸、讓他騎到自己頭上嗎？洪秀全只好重用他做爲精神領袖，卻不予信任。

成立太平天國

咸豐元年（西元一八五一年）一月一日，洪秀全率領一萬三千多名信徒發兵起事，開始斬除「清妖」的聖戰，史稱「金田起義」。太平軍在金田屢敗官軍，接著轉戰江口；激戰中，江口遭焚燬。就在這一片混亂裡，洪秀全於同年宣布成立「太平天國」，自稱「天王」，號稱「萬歲」。

太平天國在兩年內便席捲大半個中國，有部分原因出於清軍的戰鬥力與當年南征明朝時差太遠了；打不過英法的洋槍就算了，連普通農民的釘耙也打不過。洪秀全連戰皆捷，就連名將曾國藩的軍隊都被按在地上打，湘軍在湖南僅有的四十條戰艦全部被毀，增援軍隊眼見江中滿是清軍浮屍，竟紛紛潰逃。曾國藩眼見情勢危急，連忙親臨前線，在大路豎起令旗，大呼：「退出此旗者斬！」卻無法阻止士兵逃離，跑的跑，裝死的裝死，氣得曾國藩投水自盡，幸好被幕僚救起。

不久後，洪秀全的軍隊占領南京。當時清軍已經被打得人心惶惶，毫無戰意，如果洪秀全繼續往北討「清妖」，那麼歷史確實有可能改寫；但洪秀全懶病發作，認爲南京簡直是文章錦繡之地，是溫柔富貴鄉，美女多，又是六朝故都，可稱得上人間天堂，於是定都於此，不再攻打更富庶的北京。

不聽話，就寫詩教訓妳們！

洪秀全的詩作中，有一半是與妃子間的閒話長短。在起義後，他曾收了三十八名女子當老婆，雖然大多是村姑鄉婦，洪秀全卻視若珍寶。到了南京，一看到富庶城市裡那些體態豐腴、眉清目秀，還懂得如何伺候男人的美女，馬上又娶了五十位妃子，還把原本的三十八位老婆打入冷宮。洪秀全的妻子共八十八位（稱爲「王娘」），可見他喜新厭舊的個性，而且並不忌諱此事爲他人所知。他在第二十四首〈天父詩〉中，就大方論道：

一眼看見心花開，大福娘娘天上來；一眼看見心火起，薄福娘娘該打死！

洪秀全對妃子們的要求十分苛刻，經常胡亂立下規定，之後又合理化爲「神意如此」。像是這首〈十該打〉便說：

服事不虔誠，一該打。硬頸不聽教，二該打。
起眼看丈夫，三該打。問王不虔誠，四該打。
躁氣不純靜，五該打。講話極大聲，六該打。
有嘴不應聲，七該打。面情不歡喜，八該打。
眼左望右望，九該打。講話不悠然，十該打。

洪秀全是隻夜貓子，有時半夜睡不著，便跑進後宮想與妃子們共享魚水之歡。但半夜時分，很多人正睡得香甜，突然被吵醒，哪裡還有性欲，只想趕快完事，氣得洪秀全在〈天父詩〉第二百九十四首寫道：

因何當睡又不睡，因何不當睡又睡。因何不顧主顧睡，因何到今還敢睡。

照現代的標準來說，看著對方雙眼的談話才叫誠心，但洪秀全不這麼想，他認爲嬪妃不能正眼看著自己，膽敢與他對上眼，就是怠慢自己，怠慢上帝：

看主單准看到肩，最好道理看胸前；一個大膽看眼上，怠慢爾王怠慢天。

洪秀全的文筆奇差無比，但令人匪夷所思的是，他自認文采斐然，頻頻在朝中炫耀；太平天國的詔書，也多以詩詞形式所寫。如咸豐三年（西元一八五三年），太平軍攻占南京後兩個月，南京一帶發生大地震，且一日數次。有人認爲是洪秀全擾亂民生，惹得上天震怒，才降下天災。但洪秀全倒是怡然自得，開心地在詔書裡寫道：

地轉實爲新地兆，天旋永立新天朝。

洪秀全天眞地以爲清失其鹿，自己已儼然成爲天下共主，便視太平天國爲天朝上國，把其他國家看做藩屬，並要求它們歸附。也剛好在這一年，英國政府發現中國內亂，又聽聞內亂者是一位基督徒，很是開心，以爲有機會爲世界增加四億名基督徒，於是馬上派遣代表交涉。但公使額爾金到訪時才知道：洪秀全宣稱的基督教根本是假的，是打著基督教旗幟的標準邪教！

英國大使原本想放棄合作，繼續保持中立，但洪秀全的這番話卻惹怒了英國：「爾各國拜上帝、拜耶穌甘久，現今上帝同耶穌降凡作主，誅滅妖魔幾年，因何不見爾等各國具些寶物進貢上帝，進貢耶穌，進貢萬國眞主？」還恐嚇英國：「有一國不到天國朝上主皇上帝，朝救世聖主，朝萬國眞主，便是妖魔，爾等知否？」

英國還沒正式與太平天國建交，彼此就已經成了父子兄弟？洪秀全的愚妄讓額爾金超級不爽，已經在心裡罵髒話了，卻仍強裝笑臉，表示必須和王室再做洽談，以此呼嚨過去。沒想到洪秀全一把抓住額爾金的手，交給他一份《賜英使額爾金詔》，要求他轉交給王室，內容是一篇打油詩，裡頭說道：「西洋番弟把心開，同頂爺哥滅臭蟲。替天出力該又該，替爺替哥殺妖魔。」額爾金簡直氣炸了，向皇室報告洪秀全的基督教簡直是邪教，必須撲滅。

太平天國的覆滅

隨著東王楊秀清和北王韋昌輝等人叛亂不斷，以及英國等西方國家對清朝的軍事援助，洪秀全的太平天國已然將成明日黃花。同治三年（西元一八六四年）三月，曾國藩的弟弟曾國荃率領人馬包圍南京，忠王李秀成勸洪秀全：「大王啊，懇請您到其他占領區建立根據地，我們氣數未盡，將來還有機會，不需要拚個玉碎瓦全。」

洪秀全不肯：「這是上帝給我定的都城，我死都不願走。」

李秀全再勸：「南京都被包圍了，沒有糧食沒有兵，怎麼支撐下去啊？」

洪秀全又說：「上帝將派下如潮水一樣多的天兵天將，幫我打退清妖。」

李秀成沒耐性了：「等天兵天將到時，我們都已經餓死了。大王您說說，我們現在該吃什麼？」

洪秀全指著一旁的雜草道：「這東西是甜露，又解渴又解饞，生吃也無妨，我們就以這個爲食，與清妖繼續作戰。」

李秀成差點翻白眼：「我不大相信這東西，是否能請您身先士卒呢？」

洪秀全爲了當榜樣，還眞的拔起雜草往嘴裡塞，結果呢？因此食物中毒死了。一代民變領袖成也信仰，敗也信仰，最後落得這般下場，而太平天國也在他死後幾年內遭清軍剿滅。

我知道我的文筆爛爆了

老粗文青馮玉祥與他的打油詩

在看似奸詐狡猾的表面下，馮玉祥其實隱藏著呆萌的本質，他的詩不僅白話，也相當可愛。

所處時代：清末光緒初年～一九四八年。他見證了清朝滅亡、民國建立，並參與北伐、清黨、抗日等重要軍事行動。

代表作：〈施肥〉〈代告示詩〉

經歷：

一、西北軍閥王，粗神經胖子一枚。

二、自嘲詩作不堪入目，但轉過頭又開始寫。

三、一生寫了一千四百首詩，走到哪寫到哪。

絕招：大聲念出自己的詩作，以致對手噁心反胃。

在中國近代史上，軍閥混戰這段時期有著舉足輕重的地位。各路軍閥相愛相殺，你方唱罷我登場，各占山頭各稱王，連接出現一大票軍事將領；只是能在政治舞臺上持續活躍、未曾被扳倒的人屈指可數，馮玉祥就是其中之一。在衆軍閥中，他算是最特別的，一生反覆無常，捉摸不定；從軍生涯曾八次背叛盟友，這等「光榮事蹟」被人冠以「倒戈將軍」的名號。

那麼，眞實生活中的馮玉祥究竟是怎麼樣的人呢？拋開政治面不談，馮玉祥私底下的模樣其實很値得探究：看似奸詐狡猾的表面下，隱藏著呆萌的本質。他酷愛寫詩，文字淺顯易懂，比打油詩還打油詩。像是這首〈施肥〉：

肥料何處尋，垃圾與糞便。本是骯髒物，愛惜似金錢。

還眞是樸實無華、簡明扼要對吧？馮玉祥其實也知道自己的詩句既粗且俗，不敢和文人們的雅詩相提並論，所以稱自己的作品是「丘八詩」。何謂「丘八」？其實就是把「兵」字拆開，意指軍人所寫之詩。馮玉祥的寫詩的習慣幾乎持續了一輩子，這也讓我們能從他的字裡行間，了解他「獨特」的品味。

倒戈人生

馮玉祥小時候家裡很窮，祖上雖然是赫赫有名的振威將軍，無奈家道中落，到他父親那一輩時，早就大不如前了。另一方面，父母也都不是正經人物：老爹以賭博爲樂，老媽染上了鴉片癮，生活困頓不堪。幼時的種種所見，讓馮玉祥日後變得非常討厭滿清陋習，立志建立良好的社會秩序，並寫下了這首〈代告示詩〉：

好逸惡勞去賭場，彈錢擲骰搖單雙。明搶暗奪黑心腸，落得家破人也亡。
鴉片爲害致身殘，屢禁不止死灰燃。中華民族要振興，毒頭一律用刀砍！

馮玉祥之所以叫馮玉祥，其實並不是他願意的。他原名馮基善，十一歲時因家境貧寒失學，只得在父親的營盤裡自修功課。後來爲了分擔家計，跑去應徵公職。正好父親的營中有個缺額，父親的朋友苗氏就向主管推薦：「這回該叫馮大爺的兒子補上去。」主管問：「他兒子叫什麼名字？」苗氏一時想不起來，又怕耽誤機會，就隨手寫了「馮御香」三字。

馮御香入伍後，因爲這名字實在太少女了，遭到同袍嘲笑，所以改成讀音相近的「馮玉祥」。不過馮玉祥當時並沒想到，「馮御香」這三個字會跟著他一輩子，並載入教科書。

馮玉祥可說是最幸運的軍閥。武昌起義那年，他不過是個沒沒無名的陸軍管帶（相當於連長），卻靠著一連串機遇漸漸浮上檯面，最終成爲華北平原的一方之霸。

他用的方法很簡單，那就是「倒戈」。爲了逐鹿天下，馮玉祥可以投靠任何人，也可以背叛任何人，因此有人將其字「煥章」改爲「換章」（打麻將時換牌之意），用來諷刺他經常倒戈的行爲。各位可能會問：馮玉祥到底多愛倒戈？馮玉祥一生叛變不計其數，有紀錄的包括以下最主要的八次：

一、灤州起義：背叛清廷，歸附革命軍（成功）。

二、護國戰爭：背叛袁世凱，歸附討袁軍（當初袁世凱稱帝時，還曾授予他爵位，眞是看走眼了）（成功）。

三、護法運動：背叛段祺瑞，歸附直系曹錕、吳佩孚（成功）。

四、第二次直奉大戰：背叛曹錕、吳佩孚，自己創業，建軍西北（成功）。

五、背叛張作霖，導致國奉戰爭爆發（成功）。

六、誓師北伐：背叛北洋軍隊，將部隊改編爲國民聯軍，與蔣介石合作打擊北洋軍閥（成功）。

七、寧漢分裂：背叛蔣介石，聯合汪精衛（失敗）。

八、中原大戰：再叛蔣介石，聯合閻錫山、李宗仁、汪精衛、張發奎（失敗）。

八次倒戈中只有兩次失敗，成功率竟然有七成五以上！倒戈雖然是個不道德的舉動，不過放在軍閥混戰時期，還眞算是很好用的招數。事實不就是這樣嗎？今天和誰稱兄道弟、義結金蘭，明天和他撕破臉互打。沒有絕對的友情，只有絕對的利益。老馮靠著這等簡單粗暴的原則，在戰場上混得風生水起，硬是在這個群雄並起、逐鹿天下的時代裡占得一席之地。

老馮的處事祕訣

以上說法可能會讓大家產生誤解，以爲馮玉祥是個心機 boy，整天打著算盤、丈量著別人的長短，想著何時要往哪裡倒。但人是有很多面的，馮玉祥在政治軍事上的德行雖然有缺，但私下爲人豪爽，作風樸實可愛。據說他的朋友陶行知辦學時，經常遭到土匪恐嚇，除了討香菸，還要花露水。馮玉祥知道後，氣得拍桌子大罵：「眞是豈有此理，錢和香菸就罷了，居然還要花露水！當土匪的怕蚊子咬，還當什麼土匪啊！」

還有一次，當時的總統黎元洪召集各方大老在居仁堂會餐。談及各項煩心的國事，黎元洪訴苦道：「唉！總統眞不是人當的，我當總統一個月要賠掉三萬塊。」

馮玉祥百思不得其解：「總統是當旅長出身，怎麼會有這麼多錢呢？」

黎元洪愣了一下，局促地說：「存……存的啊！」

正常人問到這裡，就知道言外之意，該適可而止了，但老馮不懂官場人情，打破砂鍋問到底：「總統您一個月工資不過幾百塊，哪裡存得下這麼多錢？」

黎元洪不再回答，只呵呵一笑，打了個馬虎眼。

馮玉祥十分用功讀書。早在自己還只是名士兵時，一有空就讀書，有時竟一讀到天明。爲了不影響隔壁同袍睡眠，他找來別人不要的木箱，把頭伸進去，藉著微弱的燈光看書。擔任旅長時，他規定自己每天早上要讀兩小時的英語。學習時，他會關上大門，門外掛一塊牌子，上頭寫「馮玉祥死了」，拒絕外人進入。學習結束，門上的牌子則換成「馮玉祥活了」。耶穌復活一次算什麼，他可是天天都復活！

馮玉祥是個很有時間觀念的人，最討厭別人不守時。一九二七年，汪精衛任職武漢國民政府主席，東有蔣介石清黨起義，西有中共負隅頑抗，汪精衛被搞得焦頭爛額，因此開會經常遲到。馮玉祥雖然很生氣，但也不好說什麼，於是想了一個妙招：每次開會前，他都會提前對與會者說：「大家記得空腹來，把擺在會場的水果和點心吃掉；就算自己不吃，也要帶走，分給隨從們吃。」如此一來，服務人員就必須不斷補上水果點心。大家繼續吃，服務人員繼續補，大家再繼續吃！接待的費用因此直線上升。到後來，汪精衛終於發現了這個問題，調查後才知道了前因後果。在那以後，他開會再也不敢遲到了。

事後每當回憶起這段往事，馮玉祥總是樂得前仰後合，甚至特別爲此事寫了一首詩：

一桌子點心，半桌子水果，那知民間疾苦。
兩點鐘開會，四點鐘到齊，豈是革命精神。

基督教狂熱分子

俗話說「食色性也」，喜愛精緻美好的東西是本性使然。在民國初年，衣著是身分地位的重要象徵，比如蔣介石就很珍愛他的五星披風斗篷，到哪裡都要穿一下。至於馮玉祥，不管經歷了多少風霜，在宦海沉浮已久的他一直都是老樣子，崇尚節儉不浪費，最愛穿著灰布皮襖，腳蹬布鞋。如果不看肩膀上的軍階，他的模樣就和一般的士兵沒兩樣，而他對此也很怡然自得，屢屢秀出衣服上的補釘，炫耀自己勤儉持家，捨不得鋪張。

馮玉祥是位虔誠的基督徒，由於信仰的影響，他極力提倡一夫一妻制，最討厭人家養小老婆和嫖娼，而他也經常稱讚妻子李德泉是位賢妻，兩人恩愛無比，令人稱羨。在開封任職的時候，馮玉祥聽說那裡妓院甚多，男子嫖娼成風、醉生夢死。為了禁娼，他竟然將妓院全數關閉，還讓妓女跟還俗的和尚結婚（有不少流浪漢聽說此事，便一窩蜂地跑去剃光頭冒充和尚，讓當地的剃頭師傅賺了不少外快）。

馮玉祥看待宗教的角度非常特別。別人信教是為了找尋心靈上的撫慰，他則是崇拜耶穌的「革命精神」，認為耶穌是位革命家，讓貧窮的人得福音，讓被擄的得釋放，讓被捆綁的得自由。話是沒錯，但一般人應該不會這樣解讀《聖經》和耶穌的行爲吧？會這麼做的，大概也只有馮玉祥了！他曾寫過一首〈求佑的一群〉，奉勸民衆趕緊放棄迷信，快快覺醒：

階前跪滿男和女，雙手合十同禱告。無知人民拜偶像，世界各國皆竊笑。

不過，以外來宗教代替本土信仰，是否就算是破除迷信呢？就某方面來說，馮玉祥確實學到歐洲基督教國家在大航海時代殖民時，破壞當地原有信仰、以基督教取而代之的「革命眞諦」。他發動毀佛運動，任意更改有關宗教自由的法律，嚴格禁止佛教和道教，許多極具歷史意義的寺廟都被燒成灰燼，使得佛教幾乎在整個華北消聲匿跡。宗教可以信奉，但絕不能極端，老馮啊老馮，認眞你就輸了！

我寫詩跟做人一樣，超直接！

馮玉祥是近代少見的多產型詩人，一生寫了一千四百多首詩，詩集有十多部，光是一九三九年就寫了一百四十餘首。他的詩一向走到哪寫到哪，凡是有感而發，便脫口說出，再由一旁專屬的書記即時記錄下來。比如這首〈熏臭歌〉：

大會禮堂，又臭又熏。
既熏且臭，既臭且熏。熏而又臭，臭而又熏。
熏熏臭臭，臭臭熏熏。亦熏亦臭，亦臭亦熏。

就算想笑，也拜託稍微忍一下，這首詩是有來由的。有次，馮玉祥到美國參加水利大會，一旁的洋人很有錢，不停抽雪茄，菸味都飄了過來。但馮玉祥不菸不酒，一向對菸味很反感，但又不好意思離席，只好捏著鼻子忍受。回到飯店後，他很是憤怒，覺得自己是代表中國的領袖，怎麼會被這種市井小民給欺負了呢？可惡的菸酒，傷天害理！於是作了此一首四言詩，用「熏」和「臭」反覆表現對香菸的深惡痛絕。

馮玉祥的根據地在大西北，那裡是黃土高原與華北平原的交接處，風化作用特別旺盛，他也因此比其他人更重視綠化。即便到了平原，他照樣帶領人們種植樹木，凡是到一地駐紮，他必然親自率眾大量植樹。除了種植，他也十分愛護樹木，就連行軍打仗時，也勸誡士兵不許踐踏樹木。政策實行多年後，馮玉祥滿意地看著街道一片綠意盎然，即興作了首詩：

老馮駐徐州，大樹綠油油。誰砍我的樹，我砍誰的頭。

兵士們紛紛稱讚此詩堪比李杜，馮玉祥也真把自己當回事，高興得連連點頭。

馮玉祥和蔣介石曾結爲拜把兄弟，但兩人對抗戰的態度卻截然不同。九一八事件以後，馮玉祥堅決支持抗日，蔣介石則認爲「攘外必先安內」。馮玉祥多次苦勸蔣介石放棄內戰、出兵抗日，但蔣介石完全聽不進去，最後馮玉祥用一首詩和對方劃清界線：

你是你，我是我。主義也是各有各。
我不能強你，你不能強我。
如不抗日，還說什麼？你不抗日，不必再說。

另外，馮玉祥還有一首白話詩〈我〉，內容正是在寫他自己。當時是抗戰最艱難的一九四〇年，美國尚未加入戰局，國民政府被日本打得落花流水，在西南一隅頑強抵抗，局勢非常不樂觀。在這萬分低迷的時刻，馮玉祥竟絲毫沒有倒戈的想法，他很清楚，軍閥混戰只是小打小鬧，但對日抗戰則是民族大義，若是連這也要倒戈，那未免太沒原則了。馮玉祥爲此賦詩一首，表明心志：

平民生，平民活，不講美，不求闊。
只求爲民只求爲國，奮鬥不已守誠守拙。
此志不移誓死抗倭，盡心盡力我寫我說。
咬緊牙關我便是我，努力努力一點不錯。

是不是很平實易懂，直抒胸臆？綜觀馮玉祥一生所作之詩，十有八九都不具備文學價值。這首詩雖然極其平鋪直敘，卻是馮玉祥誠心誠意之言，裡裡外外都展現出他堅決抗戰的決心。他就像是神話中的夸父，不管身體有多疲憊，不管代價有多殘酷，他都要完成自己所做的艱難許諾，而這首詩也成爲馮玉祥首要的代表作，並鐫刻於其墓石上，做爲墓誌銘。

最後一次倒戈

老馮戎馬一生，從窮鬼一路拚搏到一級上將；旗下的軍隊從一支雜牌軍發展爲數十萬人的龐大軍隊。在他五十餘年的軍事生涯中，素來以治軍嚴、善練兵著稱，他幾乎記得所有曾與他對話的士兵名字，就連最基層的軍官也不例外；無聊時甚至會打赤膊，和士兵們一起做體操。其草根精神運用之自如，不得不讓人佩服有其獨到之處。

不過，即使老馮在民初政治的許多層面上產生了正面的影響，他畢竟不是個完人，在時局不利時，仍然想使出「見風轉舵」的絕招。一九四八年，國共內戰局勢逆轉，馮玉祥萌生了第九次倒戈的念頭。在中國共產黨的邀請下，馮玉祥搭乘蘇聯的輪船，準備返國與共產黨合作，卻不幸在途經黑海時因輪船失火喪生，享年六十六歲。

馮玉祥一生倒戈無數次，很是上手，原本以爲這次也會很順利，沒想到人算不如天算，最後葬身海底。一想到他在一九三八年所作的〈鳥愛巢〉，不免覺得有些諷刺：

鳥愛巢，不愛樹。樹一倒，沒處住。

看你糊塗不糊塗！
人愛家，不愛國。國如亡，家無著。
看你怎麼去生活！

後記

繼續在天橋底下談古論今

本書到這裡，也就告一段落了，感謝讀者們的厚愛，在不計其數的出版物中，挑中我的愚作。

「歷史說書人」團隊成立到現在，不知不覺已經有三年時光了，原本是在朋友的慫恿下，抱持著玩笑般的心情創立，沒想到光陰荏苒、寒暑易節，歲月一下子就過去了。本書是我的第四部著作，繼《時代下的犧牲者：找尋真實的汪精衛》《時代下的毀滅者：希特勒與帝國十大信徒》《民國文人檔案，重建中》後的新歷史感想。

在寫這本書的時候，我的心情一直是愉快、甚至有些沉迷的，相較於嚴肅的政治議題，以及盤根錯節的近代史，這本書給了我相當新穎的體悟。我陶醉在古人的詩詞中、雲遊於字裡行間，閱讀他們的人生經歷，也體會他們的快樂和悲傷，這是多麼的治癒人心且受益匪淺的事！

不得不承認，文學與藝術是很奇妙的存在。這些歷史上出現過的人物，他們的思考、他們的理想、他們滿懷的抱負，竟能在數千年後的今天，以一種柔性的型態穿越我們的心靈，使我們在閱讀時擁有相同的感悟。從這個角度來看，文學與藝術的存在無疑是偉大的。

有些事你也許無感，但年紀越大，越是能發現：它們其實是在血液裡的東西。中國古代藝術一直是那麼令人著迷，我們品讀的詩詞不只是詩詞，同時也是在享受不同出身、不同年齡、不同境遇的不同道理。

完成這篇書稿前，我因爲各種公務繁忙，寫作時間明顯變得越來越少。回顧昔日景物，粉專的種種依舊記憶猶新，就像剛剛才發生的一樣：第一次撰寫網路文章、第一次投稿新聞媒體、第一次看到書籍實體化……我一時之間百感交集，竟不知從何說起。由衷感謝各位讀者的購買與支持，有了天橋底下遮風避雨之處，我們可以在這裡盡情說書。今後，我們也會倚靠此地談古論今、放聲高歌，爲讀者提供更多新穎有趣的文章。

Eurasian Publishing Group
圓神出版事業機構
用心與你對話・視野無限寬廣
究竟出版社
Athena Press

www.booklife.com.tw　reader@mail.eurasian.com.tw

歷史 075

文青這種生物，自古就有
17段隱藏在史籍和作品背後的奇葩人生

作　　者／江仲淵
發 行 人／簡志忠
出 版 者／究竟出版社股份有限公司
地　　址／台北市南京東路四段50號6樓之1
電　　話／（02）2579-6600・2579-8800・2570-3939
傳　　真／（02）2579-0338・2577-3220・2570-3636
總 編 輯／陳秋月
副總編輯／賴良珠
專案企畫／尉遲佩文
責任編輯／林雅萩
校　　對／江仲淵・林雅萩・蔡緯蓉
美術編輯／金益健
行銷企畫／鄭曉薇・陳禹伶・詹怡慧
印務統籌／劉鳳剛・高榮祥
監　　印／高榮祥
排　　版／莊寶鈴
經 銷 商／叩應股份有限公司
郵撥帳號／ 18707239
法律顧問／圓神出版事業機構法律顧問　蕭雄淋律師
印　　刷／祥峰印刷廠
2020年12月　初版

定價 310 元　ISBN 978-986-137-307-2

這個世界上，有善與惡的存在，
卻難以辨識何者是善？何者是惡？
只能透過觀察與體驗，逐漸找到屬於自己的立場與原則。
現在閱讀過去時空裡的人物事蹟，
即是對未來的模擬體驗。

——厭世國文老師《厭世國文教室》

國家圖書館出版品預行編目資料

文青這種生物，自古就有：17段隱藏在史籍和作品背後的奇葩人生／
江仲淵 著 -- 初版 -- 臺北市：究竟，2020.12
256 面；14.8×20.8公分 --（歷史：75）

ISBN 978-986-137-307-2（平裝）
1.傳記　2.中國
782.1　109016190